# 我的移動城堡

## 開露營車在澳洲邊玩邊工作

文‧攝影 | Leon

Contents

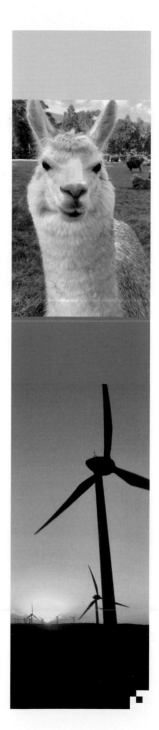

目錄

目
錄

# 歸來的旅人

這是一趟漫長的旅行，那三年多來所發生過的大大小小事，
都必定成為我未來的養分。

　　總會想起蘋果創辦人史蒂夫‧賈伯斯 Steve Jobs，2005 年時在史丹佛
大學畢業典禮的那段演講：「我們沒辦法預見曾做過的那些事是否有意義，
唯有透過回顧，才能看出彼此關聯。所以你必須相信，相信你的直覺、天命、
人生、或是因果，相信這些點滴將會在未來的某一天產生連結」。

　　對賈伯斯而言，這個連結的成果無庸置疑就是現今的蘋果公司，那對
我而言，這個連結的終點又是什麼呢？

　　來到澳洲之後，擺脫掉過去樂手以及工程師的身份重新開始，這種砍掉
重練的感覺，竟意外地令我食髓知味，除了體驗一般人可能一輩子都不會有
機會體驗的生活，更是將生存技能提升到另一層次；而這次挑戰的是寫作。

　　在每個不同的領域中，所見的是另一個完全不同的境界，在這廣大的
知識之海中航行著，別有一番樂趣。

　　「你是想賣一輩子糖水？還是和我一起改變世界？」，若是真的有個
人這麼問我，我必定會毫不猶豫選擇後者，儘管只有這麼一點點，也想讓這
個世界有所不同，這是撰寫此書的理由。

　　花費許久時間，這本書總算完成，在此對提供照片和在澳洲提供資訊的
朋友，還有幫助我找資訊和校稿的陳澄愉以及所有傾力協助的人表示感謝。

　　「Stay Hungry，Stay Foolish」，求知若飢，虛心若愚。這是賈伯斯在
演講最後，送給畢業生們的一句話，也獻給閱讀此書還有無限可能的你們。

# 旅途中遇到的人們

# 1

# 奧班尼
## 旅行的起點

　　奧班尼 Albany 為西澳 Western Australia 的第四大城，位於首府伯斯 Perth 南方約 400 公里處，早期為西南澳的主要海港，靠著捕鯨業繁榮，也是歐洲人在西澳最早建立殖民地的地方，直到伯斯興起後才逐漸被取代。

　　2013 年 4 月 12 日，和許多懷抱著夢想與希望的背包客一樣，我啟程了。這是一個四周被國家公園圍繞的城市，並且擁有一條能看見海的街道，怎樣也無法想像，這裡日後竟成了我最魂牽夢縈的地方。

初次抵達時，腦中不禁響起了魔女宅急
便中，琪琪剛到海港都市克里克的配樂
「能看見海的街道」。

# 工作旅舍

工作旅舍 Working Hostel，顧名思義就是以住宿的方式來換取工作機會，在澳洲偏遠地區普遍存在的一種求職方法。

　　偏遠地區的小鎮周遭常有許多工廠及農場，由於產季短且易隨季節變化，導致時常會突然需要短期大量人力；而當地的背包客棧 Backpacker 則是最容易聚集人潮的地方，因此相輔相成，形成了這樣的一個文化。

　　旅舍的老闆身兼工作仲介一職，將不錯的工作資訊推薦給他的房客，代價僅僅只是住在那裡（澳洲合法的仲介是不會直接和你收取費用的），若是介紹的工作太差，也就無法吸引旅客居住，所以老闆也會幫忙過濾掉不好的工作；相反地，他也必須對雇主負責，若是派去的員工不好，也會影響下次繼續合作的機會。

　　這是一種雙贏的合作模式，由於這些農場需要的是短期且不固定的人力，而背包客們為了旅行也不想在同一個地方停留太久；旅行需要經費，而剛好在澳洲愈偏遠的地區薪水愈高，大家各取所需。這也是為什麼澳洲如此盛行打工度假的原因，少了這些背包客，澳洲的農業無法生存。

　　工作旅舍有一個潛規則：「住得愈久的人，擁有得到工作的較高優先權」。若是正逢旺季那倒還好，人人都有工作；要是不幸遇到淡季，可就得乖乖排隊了，當然偶爾也有某些例外：「如果你有車」。

■ 和我同一天住進旅舍的義大利情侶，由於一開始沒有工作，整天閒閒沒事混在一起，反而成了好朋友。
「今天我們煮給你們吃，明天你們煮給我們吃，來個異國料理交換吧！」這是我們建立友誼的第一句話。
■ 一個人在國外，除了料理與喝酒之外，交朋友最快的方式就是桌遊了，可以在遊戲中迅速拉近彼此距離。

　　由於工作旅舍一般只負責介紹工作，較少自行調派接駁車，頂多安排其他有車的人一同前往；舉個簡單的例子：某個農場隔天需要五個人過去幫忙，旅舍老闆查看一下房客名單，找出哪五個是目前住最久且沒有工作的，若是恰好這五人都沒有車，而一路看下來有車的人也都已經有了工作，儘管你前一天才來，而你又剛好有一台車，恭喜你可以立馬上工。

　　有些旅舍也提供房務工作 Housekeeping 來換取免費的住宿，一天兩小時抵一晚，通常是沒有工作的女性優先；由於普遍勞力工作的緣故，女生面臨等工的機率要大得多，而日常開支最高的就是住宿，因此這也不失為一種找工作的手段，建議入住前先打探好旅舍的評價。

　　雖然費用比一般住宿昂貴，生活卻是非常多采多姿，世界各國的背包客齊聚一堂，一起生活、工作，休假一起打發時間，奠定了我日後適應多國口音的英聽基礎，也因此在這認識了許多至今仍保持聯絡的好友。

# 計畫趕不上變化

背包客間有個迷信：「當你的口袋見底時，工作就會來了。」─在領到第一份薪水時，我的戶頭已只剩幾十塊錢。

最初只帶著不到兩千澳元，又堅持第一份工作一定要白工（即合乎法定薪資的合法工作，含 9.5% 退休金與工作保險，反之則稱為「黑工」），且住在昂貴的工作旅舍（每週 175 澳元），只為得到更多的資訊與交朋友順便練英文，很快地才一個月我的旅費就已見底。

所幸就在我已計畫離去，尋找新的工作機會時，得到了人人稱羨的肉廠工作，也是我第一份週薪破千的工作；以當時的匯率，大約是每週稅前 3 萬臺幣。

怎奈好景不長，當時正逢肉廠淡季，我才做了兩週又再度面臨失業的窘境，還好光這兩週的薪水就把我的旅費補足至剛來時的狀態。我還記得那天中午用餐時，廠長出來宣布了一些事情，下午主管就要我們隔天不用再來了。這一休廠，要再等兩個月才會重新營運，旅舍中有將近三分之二的人都在那裡工作，大家頓時不知所措地煩惱失業後的去留。

有的人旅費掙夠了準備離開前往下一站，有的人則打算給自己一個小假期，也有人像我一樣留下來繼續找其他工作，然而我的日本好友Mori，卻早已安排好隔天新工作的面試。

大家總說計畫趕不上變化，乾脆就懶得計畫，船到橋頭自然直，尤其是出國在外獨自生活，面臨到的變數實在太多；而 Mori 教會了我：計畫趕不上變化，是因為計畫還不夠周全，所以才會因一點小事就自亂陣腳。

由於澳洲每週繳一次房租、領一次薪水，比起習慣以月為單位的我們，體感時間快多了，我們時常在瞬息萬變的遭遇中面臨選擇，而每一個選擇都同時背負著機會與風險。以為生活已上了軌道而趨於安逸的自己，才是最大的錯誤。我們只是個背包客，沒有所謂的穩定，隨時都必須抱著「可能會被剝奪掉現在所習慣的一切」的危機感，這是做為一個背包客該有的堅韌。

　　這次突發事件後，我學會在安排所有事情時，一併準備 B 計畫，甚至是 C、D、E 計畫，以保持應付任何突發狀況的游刃有餘。

　　澳洲的僱傭類型可約略分為全職 Full-time、兼職 Part-time、與臨時工 Casual。全職享有每週 38 小時的保障工時，與每年四週帶薪年假的福利；兼職工為全職工的打折版本，每週未滿 38 小時工時，其他福利依據上班時數比例；臨時工為背包客最主要的僱傭類型，雖然沒有時數與僱傭期的保障，隨時可能丟了工作，也沒有帶薪假的福利，但基本薪資因此較全職與兼職工高 25%。自 2018 年 7 月起，澳洲法定薪資調漲為最低每小時 18.93 澳元，臨時工最低薪資為每小時 23.66 澳元（澳洲每年 7 月 1 日必調漲 2-4% 基本薪資）。

■ 日本朋友 Mori 擅長做麵包。他曾獨自從雪梨騎單車橫越沙漠來到伯斯（約 4000 公里），全身的家當可放進一個小背包，說走就走的個性，是我認識最像背包客的人。

# 集二簽

澳洲打工度假簽證原本只能待一年,若滿足了在偏遠地區從事一級產業工作滿 88 天等條件,即可申請第二年簽證,但只限年滿 18 且未達 31 歲的青年申請。因為出發的時候已年滿 30,我只剩五個月可以集二簽,這成了我在澳洲的第一個挑戰。

## 馬鈴薯農場

　　二簽天數進度 15/88。時限仍無情地慢慢逼近,因法國女孩 Ava 與 Manon 的介紹,得到了採馬鈴薯的工作。這是一份計件(澳洲工作以薪資算法簡單分為兩種,一為計時 By hour,另一為計件 By contract)的工作,所以我們沒有固定的上下班時間,何時休息也完全由自己掌控,當然,想賺多一點錢就得多努力一些,只不過有時拼了命也不見得就能賺得多。

　　這工作薪水並不高,一大筐也才 30 澳元,約 10 袋麻布袋的數量,一整天有兩筐就算不錯了,幸好產季剛好至尾聲,做沒一個月就結束了。

上 我們的工作,就是把馬鈴薯拾起放進桶子裡就好。

下 介紹我工作的法國女孩 Manon(左)與 Ava(右),為了報答她們,我煮了一大鍋日式牛肉咖喱飯。

## 葡萄剪枝

　　當初歐洲人移民至澳洲時，除了引進畜牧與農耕技術，釀酒技術也一併帶了過來，使得澳洲成為世界葡萄酒生產大國，除了北領地外，各州皆有其著名的酒莊勝地。

　　葡萄園工作大致可分為育成期的蓋網 Cover、成長期的修剪 Trimming 和疏葉 Thinning、成熟期的摘採 Picking、與採收後的剪枝 Pruning。透過旅舍的介紹，開始了葡萄剪枝的工作，時薪 19.82 澳元。剪枝就是將葡萄採完後的老藤枝剪掉，以調整葡萄植株的樹體結構、提高產量，一般會因長時間使用剪刀而造成職業傷害，不小心還可能剪到手；但我大部分的工作卻是在「撿枝」，將其他人已剪完落下的藤枝，撿起集中至中央草地上，之後再讓主管開農車推走。

　　外國人各個人高馬大，比起彎著腰撿枝撿到腰痛，他們寧可剪枝剪到手痛，而我事先準備好的全身防水裝，跪著趴著撿也無所謂，抱著我不入地獄誰入地獄的情操，將這個苦差事一手攬下。二簽進度 64/88。

左　由於時常因下雨造成草地泥濘，大部分人都不想讓自己的衣服弄濕（澳洲人雨天基本不撐傘，更別說穿雨衣，因此雨褲非常難買），尤其在清晨只有 3 度的情況下；而我的工作就只要將兩旁已剪好的藤枝集中至中央走道就好。

右　在葡萄園剪枝時，總能看見附近許多農場裡，一群群的綿羊中攪和著一隻羊駝，順口問了農場主人才知道，原來羊駝在羊群中是做為一個領導者存在，除此之外，還能保護羊群免於一些外來的侵入者。

## 羊肉工廠

葡萄剪枝的工作不到一個月就結束了，這時肉廠已重新營運，只要之前曾待過的人，都可以直接返回原崗位。於是剩下的 24 天，二簽資格 88/88 集滿，順利取得了第二年簽證，之後便一直待在羊肉工廠。

澳洲優渥的自然條件，使得畜牧業蓬勃發展，尤以綿羊產業榮登世界之最，被譽為「騎在羊背上的國家」。我所工作的羊肉工廠，共分為五個部門：最初殘忍且噁心的屠宰區 Slaughter Floor、殺完肢解後送進生肉處理區 Hot Cut、若當天沒處理完會先送進冰庫隔天再進冷凍處理區 Cold Cut、從屠宰區扒下的羊皮會送進毛皮處理廠 Skin Shed、所有包裝後的貨品集中至裝載區 Load Out 準備出貨。

幸好我的部門是最輕鬆的冷凍處理區，羊匹經過冰庫的降溫，少了大部分的氣味，就像處理超市買來的肉一般；但也因為是最輕鬆的部門，時常被調去其他部門幫忙：體驗過全身沾滿噁心體液的胃房與腸房，也見識過活生生的羊在我面前一匹匹地被剝奪生命。

有些朋友會問，為什麼要做這麼殘忍的工作？難道你以為我們平常吃的肉都是哪來的？總得要有人幹這些骯髒事，這就是這個世界運轉的方式，你沒看到，不代表它不存在，我們都只是個微不足道的小小齒輪，因此反而會更懂得感恩，感謝這些生命給了我們成長的力量。

肉廠工作者必須施打 Q Fever 的疫苗，這是一種人畜共通傳染病的疫苗，尤以牛、羊為主。打完 Q 針後最常見的副作用是手臂痠痛，偶爾也會出現頭痛、發燒、打顫、出汗等症狀，通常一兩週後便會沒事。

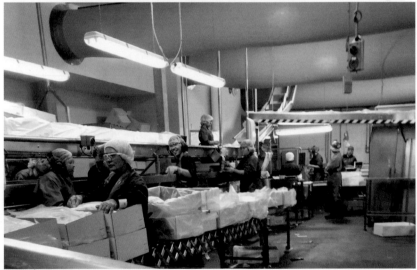

⬆ 肉廠工作是非常強調安全的，只要是需要用刀的工作，沒握刀的那手一定要戴上鐵手套以防切到自己，握刀的那手則戴上棉手套以便靈活用刀。

⬇ 肉廠中有許多正職員工是菲律賓人，因為在這待久了也拿到身分，做什麼位置都有如神技，英文也比我們出眾。他們很有義氣，總會在忙不過來時，突然冒出來幫我一把後消失。回想起在臺時年少不懂事，看到路上的外勞們總是抱著嗤之以鼻的態度，感到非常慚愧。要不是身處在這個環境中，我可能一輩子也不會有興趣去了解他們。還沒出發前總是擔心國外會不會有種族歧視的問題，但在臺灣的我們又何嘗不是在做著一樣的事？

# 露營車環澳計畫

這樣安逸的生活意外地維持了好一陣子，由於收入高，許多朋友皆打算整整兩年都待在不同的肉廠，準備工作結束後帶著一桶甚至是兩桶金回去；但此時我的內心卻燃起了一個瘋狂的計畫，我要買一台露營車！

　　澳洲打工度假中有一項規定，不能在同一雇主下工作超過六個月，為的是避免持這個簽證的人都在工作，糟蹋了打工度假的美意。於是我打算結束肉廠工作後就開始旅行，不過算算只剩三個月左右的時間，計畫中最重要的露營車卻還沒有頭緒，這成了我在澳洲的第二個挑戰。

　　露營車不同於一般的轎車，在看車時不但要看車體的部分，房間的部分也得一併考量，但我連買車都不懂了，更別說是買一輛露營車。奧班尼並非大城，可供的選擇沒有首府伯斯來得多，因為不了解行情，常常在想下手的時候看到價錢就猶豫了，導致下次再開啟網頁時，只留下「Sold out」的字樣，畢竟改裝得好的露營車是很搶手的。也時常因為我住在奧班尼，想看的車在伯斯相距甚遠，而直接被賣家忽略。

就這樣跌跌撞撞地錯過了三輛之後，第四輛終於被我搶到了，多虧了在伯斯的朋友們幫忙看車與交車，雖然比最初的預算高了一倍，不過總算是得到了我理想中的露營車。

　　面對這些隨時可能出現的選擇，總是考驗著我們的內心夠不夠果斷，不管是買車，還是找工作。當機會突然來臨時，不會給你猶豫的時間，一旦猶豫便等同放棄，所以必須對自己想要的堅定不移，這是做為一個背包客該有的意志。你會發現，當你真心渴望某件事時，全宇宙都會聯合起來幫助你。

■ Sasha 是一個臺灣髮型設計師，在某次聊天時提起了她的故事。她與幾個德國朋友（包括她現在的老公）曾一起開著一輛小小的露營車裡到處旅行，睡在溪邊一早起來煮火鍋圍爐，也曾在購物中心的廁所偷洗內褲再把它烘乾，這樣吉普賽般的生活，開啟了我所嚮往的新世界大門。

# 背包客棧的生活

少了那些總是將特定價值觀強諸己身的無形壓力，遠離了那些媒體新聞上到處充斥的垃圾資訊，沒有那些物質生活，心靈卻反倒更加充實。

　　不知不覺間這樣的日子竟也過了八個月，我努力體驗各國文化，學習澳洲人如何過生活。由於四點鐘就下班回到家，加上週休二日，因此有非常多的空閒可以發展興趣。像我就是致力用澳洲食材還原出各種家鄉料理，因為有許多調味料是這裡買不到的；而我的日本朋友就很愛做麵包或甜點，每個週末上午一定會看到那幾個日本女孩混在廚房，下午就能變出草莓大福或紅豆餅之類的東西，實在太神奇了。跟英國朋友野營釣魚、和義大利朋友在後院彈吉他唱歌，以及每週末法國人的喝酒遊戲，日子是如此的單純快樂。

幾乎每個月我們都會舉辦各國料理宴會，依照國家分成組別，每組依人數提供菜色，最後像自助餐一樣讓所有人取用。通常我們都做台式熱炒，日本人是味增湯，義大利人是披薩，法國人是甜點。

背包客棧是旅人們短暫的歸宿，在這裡相識的人就像短暫的家人，背包客們來來去去，雖然很快就可以變熟，但也很快就得面臨離別。最好的日本朋友 Mori 與 Daichi 簽證結束回國了，義大利朋友 Giarno Marco 與 Ilaria 隔沒多久也離開了，之後陸陸續續的…，大家都走了。我們最初都因抱著相同的目標在這裡相遇，之後又因不同的理想而別離，就好像人生的縮影。

在每段旅程中所遇到的這些有著相同目標的人們，或許成為同學，或許成為同事，或許成為了戀人，他們都是某個時期重要的旅伴；但終有一天，彼此的目標不再相同，因而分道揚鑣，然後漸行漸遠，各自又有了新的旅伴，我們在稱為「人生」的地圖上不斷旅行著，在道著「祝你一路順風」的同時，也冀望著不知何時能再重逢的那天。

最後，終於也輪到我離開了，在眼前迎接我的，是下一場新的冒險。

🔼 由於布告欄上的一則廣告，與日本朋友 Daichi 的邀約，我開始在澳洲打起了泰拳。一個人在國外旅行，學習一些防身術也許對未來會有幫助，可以保護自己，也可以保護想保護的人。（中為泰拳教練 Daniel）

🔽 這是我們在奧班尼的秘密基地，某天與 Mori 和 Daichi 爬山探險時發現的，後來成了沒事就會去睡午覺的地方。

# 2

# 維多利亞
## 農場的露營冒險

　　開著露營車，旅行了 4500 公里，因不熟悉駕駛這麼大的車，也不懂得如何善用周遭的資源，跌跌撞撞發生了許多事⋯⋯

這趟旅程的最後，我們一起爬上了附近
最高的山頂，俯瞰著整個維多利亞州的
北部山區。攝於 Mount Buffalo, VIC。

# 開始農場冒險旅程

歷經一個月，一路從西澳的伯斯玩過南澳 South Australia，最後抵達了維多利亞 Victoria 的墨爾本 Melbourne，在那裡認識了我的第六任旅伴 Eric。

剛好在連續旅行了兩個月後也開始感到疲倦，於是我們決定一起到墨爾本北邊找些工作來填補一下荷包。

為了能夠一邊旅行一邊生活，能找的工作十分有限，大都以農場為主；大部分的農場都有產季之分，比較偏向短期工作，而我也不想在同一個地方待太久。

我們在墨爾本北部山區陸續做了很多不同的農場工作，每到一個新的農場，我們都會徵求農場主人的同意，讓我們在此露營，也因此比一般背包客省下不少來回車資與住宿費。

我的第六任旅伴，陽光風趣的臺灣衝浪教練 Eric 與洋蔥農場的鹿頭骨。

只是偶爾會有無法洗澡的情況，但那時剛入秋的山上倒也不會流什麼汗，氣候非常乾爽，兩個大男孩就這樣自在的生活在農場裡，一週只會下山兩次補給一下糧食，過著與世隔絕的日子。

上 農場露營時，隔壁牧場的馬兒們很愛跑到我們家門前啃樹皮。

下 白天有點吵就算了，半夜起來上廁所還常常被牠嚇到。

圖片來源：Eric 小克

# 針山地獄栗子農場

　　我們的第一份工作是採栗子，在還沒接觸到這份工作前，壓根不會想到栗子生前長這副模樣，根本就是陸上海膽，沒有戴特殊手套可是會輕易被刺傷的。

　　栗子果皮上的刺散落在地上，就像是針山一般，導致工作時只能全程蹲著，完全無法跪著或是趴在地上，相當累人。

　　在採取果實前，必須先把樹上快成熟的栗子果搖下，將栗子取出後，再把那些帶刺的果皮掃至樹蔭外的範圍，這樣若是隔天又有新的成熟果實落下，就不必擔心跟撿過的混在一起，又得重挑一次；但由於這是一份一公斤才 0.8 澳元計件工作，因此我們掃果皮花的時間與體力，都是不算薪水的。

■ 除了怕踩到之外，連在工作時都要注意不要被剛好成熟的栗子落下砸到，這也是撿拾前先搖樹的另一原因。

■ 一粒果實裡大概只會有兩到三顆栗子，因為太累又不好賺，我們只做了一週就換了另一份工作。

　　某天遇到了另一組臺灣人，每棵樹都只把落下的栗子快速挑完就走了，留下一堆爛尾，還講了一句「反正他們會掃（指我們）」，老實說我在澳洲遇到的爛人大多是我們臺灣人，比起一般人擔心的種族歧視，反而更要注意不要被其他的臺灣人騙，這點實在令人感到悲哀。

　　類似的情況也發生在之前的馬鈴薯農場，有些長在草堆裡的比較難撿，要手伸進去摸或是用腳踢才知道裡面有沒有，常因為露水搞得整隻腳濕漉漉；而長在砂石地上的就非常容易，可以直接雙手大把大把地抓，速度完全不是一個檔次。

　　雖然主管為了公平會將這些區域平均分配，但那時有對外國情侶，每次都不按照規定，專挑好撿的迅速撿完就落跑下班，主管也拿他們沒轍，畢竟撿都撿了也不能不算他們薪水，從此我得到了一個結論，就是再也不要做計件的工作。

# 計件的工作不要做

常常聽到有人號稱農場快手，一天能賺 400 澳元的大有人在，但奉勸各位，那些都當做傳說聽聽就好，快手並非人人可當。

有朋友為了採草莓賺錢，可以整天連續工作 10 個小時，不吃不喝不休息也不上廁所，因為他覺得只要一停下來，錢就沒了。

但手快也只不過是基本門檻罷了，下一個要挑戰規則：比如主管說草莓要八分熟才能採，但一個一個挑實在太浪費時間，只要有五分熟就給它採下來；若還想要更快，就得侵犯他人的權益，不管什麼樣的農場總有好採跟不好採、長得快或長得慢的區域，管他怎麼分配，看到好做的先搶下來做就是了。

如果你能做到以上三點的話，再來挑戰快手封號吧，簡單的說，除了快，還得不要臉。

不管是什麼農作物，一個產季可產出的量是可預估的，也就代表雇主發出去的薪水是固定的，所有人來分這塊大餅，有人賺得多，就有人賺得少；而產季總有淡旺之分，從最初慢慢開始成熟，接著進入爆果高峰期，而後再慢慢淡出，也許一個月的產季，不過只有中間的一週是能夠快速賺錢的時機，其他時間可能連基本的一半都不到。

以雇主的角度而言，為避免過熟來不及採而造成損失，當然最好是產季前就開始招募讓員工們待命，再加上容易受天氣影響，一下雨就得停工。那些所謂農場快手的傳說，不過就像賭徒一樣，只有在贏錢的時候才會拿來說嘴。

上 茄子田

下 我們必須將這些帶刺的果皮集中起來掃至樹蔭外，但這段期間是不計薪水的。

# 黃瓜農場的鬼屋

第二份工作，我們移動到附近山腳下的另一間農場，農場主 Red 是伊朗人，由祖父遺留給他們的土地，分給了三兄弟，一個種黃瓜、一個種茄子、另一個種青椒。

我們第一天進了瓜棚，開心的邊採邊吃，由於不需要彎腰，比起栗子簡直是輕鬆到爆。

■ 雖然不需要彎腰，但瓜棚裡卻非常悶熱。黃瓜葉上長有細毛，不小心碰到皮膚會很癢；而我們一覺得癢便會馬上摘幾個黃瓜來敷，甚至邊採邊拿來敷臉，自以為有效。

我們照慣例詢問能否在農場裡露營，Red 爽快地答應了，甚至讓我們留宿在他們親戚之前遺留的舊屋，前三天免費，之後若還想續住，一週只算我們10澳元就好（一般行情約一週100多澳元）；雖然已有幾年沒住人，但水電似乎都還正常，而故事就這麼悄悄開始了……

進到屋內，第一眼看到的，只有凌亂二字；寢室內的擺設讓人感覺還有住人，直覺不太舒服，眼不見為淨，直接把不必要的房門全關上。

　　而地上散亂著不知從何而來的枯葉，浴室的蓮蓬頭正對著一個破窗，小縫滲進的是一片黑暗，馬桶旁是一個直通戶外的後門，下半部破了一角，冷風不時颼颼地灌進，吹的腳底發涼，隨著腳步聲唧嘎響的木地板，是這寧靜中唯一的聲音。我們稍微整理了一下會使用的區域，然後簡單的弄了晚餐，洗個澡，回到露營車上休息，度過了第一個晚上。

　　隔日一早起來，Eric 的腰閃到了，以他的體格來說，是很稀奇的事，更何況我們在栗子農場操了一整個禮拜都沒事，怎麼爽爽地採黃瓜就閃到了？但我們沒有放在心上。

圖片來源：Eric 小克

■ 入夜後的屋子感到更加陰森，我們的露營車就停在一旁的空地上。

第二晚，我在洗澡時，感到屋內有種人聲鼎沸的錯覺，就像在餐廳用餐時的背景聲；雖然好像很多人在說話，但是聽不清楚在說什麼，因為Eric正在和他女友講電話，我也就當做聽錯沒想這麼多，洗完後獨自先回車上睡覺。Eric說，只要躺在客廳的沙發上休息，就會覺得很累。

第三日，下了整天的雨，但 Red 並沒有因此讓我們休息，就這樣淋了一整天，全身濕透實在狼狽，於是我們打算當晚回市區找朋友，隔日請假一天，因為這雨看來不會這麼輕易停止。

下班後馬上洗了個熱水澡，正準備把東西撤回去時，車子突然像發瘋似的，不停的自動上鎖、解鎖，嚓、哆、嚓、哆，應該是中控鎖出了問題，但這時機點會不會太巧了一點？我們在雨中飛也似的收完東西迅速離開這個地方，很有默契地在路上完全不談論此事，直到遠離了農場。

我的**移動城堡**

寧靜中，除了車外大雨的滴答聲伴隨著雨刷的唰唰聲，還有依然持續不斷的嚓、哆、嚓、哆⋯。

　　視野逐漸出現亮光，周遭的人煙也隨之增多，惱人的聲音突然停止了，一直壓抑的氣氛終於舒緩了下來。於是，我先開了口。

　　「欸～ Eric ！」

　　「嗯？」Eric 轉過頭來。

　　「其實⋯⋯，昨天晚上我在洗澡的時候聽到了怪聲⋯⋯」我將昨晚的事緩緩道出。

　　「X ！你幹嘛不講啦！還把我一個人留在那⋯⋯」

　　「你在跟你馬子聊天啊，我怎麼好意思打擾你們。」

　　「好啦好啦⋯⋯」Eric 沈默了幾秒。

　　「欸～ Leon ！我也有件事想要跟你說。」

　　「X ！你不會也有吧？」

　　「其實⋯，昨晚你不是先回車上休息了嗎？那時我一個人在裡面，突然覺得這屋子好像是活的」

　　「怎麼說？」，我感到疑惑。

　　「那時我站著講電話啊，總覺得地板像心跳一樣規律地在起伏⋯⋯」

　　「X ！⋯⋯」（當時的我們一句話也說不出來，只是汗毛直豎，沈浸在一陣寧靜之中）

　　但當我聯想到地板會動也許是因為有其他的 "人" 在 Eric 身旁走動時，已經是很久之後的事了。我們都打算不再回去那間農場工作，也剛好那陣雨連續下了一週才停，至於那間屋子的事，誰也不敢向 Red 問起。

# 洋蔥農場與獵人

在朋友的介紹下，我們又換了另一個種洋蔥的工作，時薪 19 澳元。農場主 Frank 是義大利人，在澳洲長大卻從沒回過義大利，與他兒子一同管理著這個農場。

雖然是種洋蔥卻不是用種子，而是用已長了根的洋蔥球莖當苗，據說直接用種子種出來的洋蔥會很小，此時的洋蔥叫做 Green Onions，要再將第一次種出來的球莖當苗種，如此反覆變大，才會變成平常吃到的那種洋蔥。我們坐在一台巨大的耕耘機後，機械邊跑邊翻出六路鬆土，在這六個位子上一邊將洋蔥球莖根朝下放入深坑；雖然容易，但因每人負責一路都固定朝同一方向，也是個很靠腰的工作，因此我們每完成一路就會互相交換位置，換另一邊痠。

在那巨大的凹槽內裝滿洋蔥球莖，會自動從下面洞口滾出；而我們得跟上耕耘機的速度，迅速地將球莖擺在翻鬆的土壤內。

這個農場除了洋蔥外，還有許多各式各樣的農作物，蘋果、橘子、葡萄、辣椒、居然也有栗子樹。除此之外，也養著各種家畜，雞、鴨、豬、和一群獵犬。

Frank 很愛打獵，尤其是冬天的山區有很多野鹿，除了鹿茸可以賣個好價錢外，要是頭部保存良好還可以製成標本；他開玩笑似地邀請我是否下次和他們一同去打獵，可惜我還有我的旅程。在離去前送了我一包新鮮的鹿肉做為餞別，還有農場內的作物想要的都可以隨意帶走，結束了這段維多利亞的農場冒險。（鹿肉口感略似牛肉，但有股淡淡的青草香，可惜之後想再吃也買不到了）

■ 這樣做好的標本據說一個可以賣 1 萬澳元，農倉裡還有許多處理過的乾燥物，我也帶走了兩串乾辣椒掛在我車內的廚房上，吃了好久才吃完。

# 3

# 夏洛特山口
## 上雪山

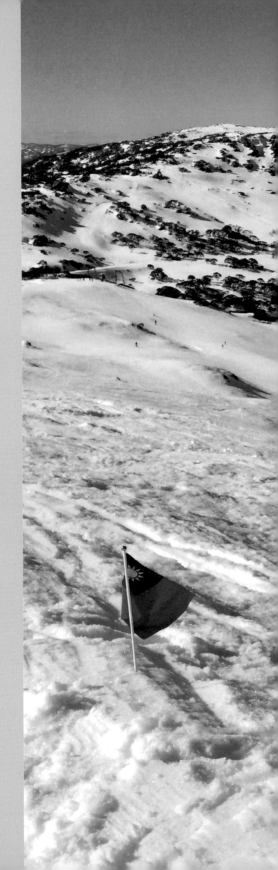

　　在澳洲打工度假，也有少數堪稱夢幻
的工作，其中一項就是上雪山，雖然這僅
對臺灣與香港人而言，因為只有這兩個國
家無法享受滑雪的樂趣。

　　上雪山，意指在雪季開始前，找到一
份雪場的工作，什麼都好，只是為了能在
雪山上生活，畢竟只要能夠待在上面，滑
雪便成了一件相當容易的事。

站在澳洲的最高峰向下俯瞰，整個山莊
顯得如此渺小。

# 夏洛特山口

澳洲的滑雪場主要分布在新南威爾斯 New South Wales、維多利亞 Victoria 與塔斯馬尼亞 Tasmania 這三州，其中又以規模最大的瑞雪 Perisher 與墨爾本周邊的布勒山 Mt. Buller 最出名。

雖然澳洲的雪季在六月中旬後才開始（南北半球季節相反），但職缺卻是在年初就開始釋出，因此若是有興趣想體驗雪山生活的人，務必在年初就得開始關注各大雪場的求職訊息。

各種職缺中又以房務 Housekeeping 與幫廚 Kitchen Hand 這兩項最容易應徵，因為其英文門檻最低，不過當然還是得具備基本的溝通能力，建議在投履歷前，累積至少三個月的相關工作經驗會比較有機會錄取；而雪山工作也是澳洲少數需要提前遠距離面試的工作（視訊或是電話），畢竟不可能在雪季還沒開始就要你大老遠上山面試。

早在準備出發打工度假前，便已將上雪山訂為最重要的目標之一，雖然遇到了重重難關，所幸受到不少朋友的幫助，在第二年的冬天順利達成。

■ 夏洛特山口：這是澳洲海拔最高的滑雪度假村，海拔 1765 公尺。

我所應徵上的場所－科修斯科木屋旅館 Kosciuszko Chalet Hotel，這間旅館建立於 1930 年，位在澳洲最高海拔的滑雪場夏洛特山口 Charlotte Pass 內，地處澳洲最高山脈科修斯科山 Mount Kosciuszko 海拔 1765 公尺的心臟地帶。

澳洲的山雖然不高，但是很廣，光這座山脈的範圍就差不多有一個臺灣這麼大。

要到這邊滑雪的交通還真是不容易，必須先飛至澳洲首都坎培拉 Canberra 後，搭約兩小時的巴士到科修斯科國家公園下的小鎮金德拜恩 Jindabyne，再搭約 20 分鐘的車至雪山車站 Skitube，然後轉乘小火車約 15 分鐘才能抵達南半球最大的瑞雪滑雪場。

若想至夏洛特山口，還得再搭乘雪上巴士 Oversnow Transport 約半個多小時的車程，由此可知它位處在多難以觸及的深山中。

開幕前一晚老闆還細心叮嚀我們，若是想下山，務必提早預訂好雪上巴士，千萬別試著自行徒步，會出人命的。

■ 只能搭乘這種特別的雪上巴士才有辦法抵達我工作的雪場，光是單程就要 65 澳元，幸好員工免費。

上 剛抵達工作的旅館時,雪季並未開始,我們忙著準備正式開幕的重新整理。
下 才過了不到一週,已變成截然不同的兩個世界。

# 廚房總管

我的職位正式名稱叫做 Kitchen Steward（廚房總管），講白點就是廚房的打雜工。

大部分的時間都在洗碗、處理食材，以及清理廚師們的工作區域，後期更要兼顧食材管理、倉庫進貨補貨等工作。好處是倉庫與冰箱的食物可以自由取用，在這物資匱乏的孤高雪山上，算是莫大的福利。

由於一開始我的搭檔 Tony 比較晚上山，沒多久又因牙痛回臺灣，我在雪山的前一個月幾乎沒人與我輪班，經常要工作到半夜一點才能下班，連續洗超過 12 小時的碗，更別提休假了。

雖然因此存了不少錢，是我在澳洲第二份週薪破千的工作，卻也讓我差點迷失了前來這裡的初衷。

雖然工作辛苦，卻明顯感受到廚師們努力地在簡化我們的工作，儘管我只是個小小的打雜工。

最初煎鍋只要每用過一次就會丟過來洗，後來他們默默採購了好幾個煎鍋，每一個固定煮同一種醬料的菜色，最後再一口氣洗掉就好，輕鬆了不少。

進貨時間也改為集中在一週兩次，不會再突然敲房門叫我們下去幫忙進貨，在這些小小的改變中，都可以感受到廚師們對我們的尊重。

儘管做的是體力活，儘管整個雪季休假不到一週，整天忙到天昏地暗，但心情上是甘願的，在澳洲體驗得愈多，愈有一種回不去了的感覺。

■ 每次上班總要面對接近崩潰的碗盤山，在洗的同時也會持續增加，一旦開始工作，就像賽跑一般，看誰的速度快。

# 雪場的同事們

## 對亞洲人的既定印象

由於這裡亞洲人十分稀少，甚至最初整座山只有我一人，偶爾會冒出一些有趣的場景。

事件一：晚上還在廚房工作時，女侍者 Ebony 看我們辛苦，送了一壺黑咖啡來，我單純只因喝咖啡會失眠而婉拒，沒想到另一個胖胖女甜點師 Tracy 馬上接話：「唉唷～妳不知道他們亞洲人只喝茶不喝咖啡，所以才這麼瘦的嗎？」，「欸！？是這樣的嗎？真是太失禮了！」害她馬上改泡了另一杯綠茶給我，有夠無言。

事件二：有時碗盤洗太快沒事做，廚師們開始會丟一些備料的工作給我，最初只是簡單的剝洋蔥皮，後來我又偷聽到他們在討論，這次是副廚 Frank 與 Niki。「你覺得他真的可以幫忙切嗎？」「拜託他可是亞洲人，亞洲人哪有不會用菜刀的？」

■ 甜點師 Tracy 幫主廚 Jack 做的生日蛋糕。

我心想：「要不是我平常有在下廚，之前也做過肉廠刀手……但不是每個亞洲人都像我這樣的好嗎！」真不知亞洲人在這些歐洲人心中是什麼形象，但我的工作也因此進化到幫忙切菜了。

## 主廚老 John

我們餐廳共有六位廚師,而在廚房體系中,主廚是最大的,相當於我的老闆,幸好主廚老 John 很照顧我,也很有幽默感、愛開玩笑。

有陣子時常洗到超難刷的燒焦湯鍋,很不爽,某天老 John 得意地跑來跟我說:「嘿嘿~我今天都沒煮到燒焦喔!很厲害吧?」還有

這是一間義大利餐廳,雖然廚師裡沒有一個是義大利人;而就像電影裡會出現的,偶爾也會有客人衝進後場,對著廚師們歡呼「So beautiful cuisine!」之類的場景。

一次他看我真的很忙,碗盤多到洗不完,跑來搶了我洗到一半的盤子說:「看你這麼忙,我來洗好了,換你去煮菜。」真想翻他白眼。

一晚,老 John 知道我上週時數又爆 10 小時後,要我最晚 11 點前一定要下班休息,可是碗盤沒洗完、地板沒拖、垃圾也還沒清,他聳聳肩地回說:「我也很想知道這些留到明天還沒清會怎樣?」這是一個老闆會說的話嗎?

還記得某次早班,主廚老 John 突然走近,指著角落破掉的盤子,就在我準備接受他的責備時,卻聽到他說:「這是我剛剛不小心打破的,害你增加了多餘的工作,很抱歉!」。

還有很多類似的例子,每當廚師們不小心搞砸時,會馬上大聲承認並道歉,不會默默地假裝什麼也沒發生,儘管他是你的上司。雖然最後我還是得去收拾善後,但這也是我喜歡在洋人底下工作的原因。

身為廚房事務的最底層，很多工作我都認為是本分應該要做好的，像是把碗盤洗乾淨、維持環境整潔，這些最基本的事情，但他們總是會不時地把「謝謝你洗好的盤子」、「今天做得很棒喔！」……之類的話掛在嘴邊，深切地感受到他們把你當做一個「人」看待，而非上下階級的理所當然。

若是他們有做不好的地方，甚至也能直接指責，上班時嚴格，下班後大家都是朋友，公私分明。我們想的都一樣，不過就是大家同心協力把一件事做好罷了。

老 John 總是擔心我太累，努力幫我爭取休息時間，真的很慶幸我的老闆是他，可惜某天不知什麼原因他突然下山了，沒有道別，也沒留下聯絡方式。

上 後來的主廚 Jack 與他女友 Amanda。
下 同事 Linda 與旅館總經理 Rachel，最後下山前的合照。

## 副廚 Niki

Niki 來自奧地利 Austria，年紀跟我差不多，很愛玩電腦遊戲。

與 Niki 的友誼像是一段孽緣，他總像個小屁孩般做一些白目的事讓你哭笑不得，比如在我面對碗盤山，洗到近乎崩潰時，他會帶著一副欠揍的表情跑來跟我說：「嘿！面對這堆洗不完的碗盤你有什麼感受？」

或在一旁嗆我：「昨天這時候你搭檔 Linda 已經在拖地了，你怎麼還在洗碗？」

老 John 還會在一旁幫腔：「對啊！她動作超快，我東西才剛放下去她就洗掉了！」一邊比著動作，明明昨晚的地就是我拖的，這兩個愛演的傢伙。

和 Niki 變得要好的契機是某天我正在工作時，他又冷不防地走到我身後：「嘿，我想買一台新電腦…」原來他的電腦壞了想買台新的，但我從沒提過我懂電腦，是我長得一副很懂的樣子嗎？

「你還有多久才能下班？」

「碗洗完還要掃地拖地，還有水槽要清，大概再兩個小時吧！」

「你就專心洗碗就好，地板我幫你清，那個什麼鬼水槽就別理他了！」

哇～副廚在幫我掃地拖地欸！只為了讓我早點下班幫他弄新電腦，是有沒有這麼誇張，於是那天就這樣亂七八糟的收工了。

當天晚上，洗完澡一進休息室，美酒、零食已備好，一旁還放著音樂，就等候著我的駕到。

「你會餓嗎？我來幫你做個三明治」真是國王般的享受，當然我也不負所託，幫他搞定了所有他不懂的部分。

那晚明明聽他說很累了，和我道過晚安準備休息，卻被他女友爆料，其實玩了整晚的遊戲。

意外成為副廚的「電腦顧問」這件事，沒多久就傳遍整個廚房，廚師們都很訝異我本行是資訊業，難不成我是特地來這裡洗碗的嗎？只因在澳洲這一行不會雇用背包客，而我是因為想滑雪才來的。

雖然廚師們也沒因此對我態度 180 度大轉變，但自從經過這件事後，Niki 就當我如同麻吉一般，不停地餵食我，也時常會來敲我房門，找我玩遊戲、喝酒、或是一起去滑雪。

突然有一天，Niki 搭著最早的一班車離開了，原因是他發現女友在酒吧和別的男人調情，無法再繼續待下去。所謂的異國戀情，似乎總是這麼的脆弱，而變了心的女人就像潑出去的水。

離開的前一晚，他來敲了我的房門。

「你們都很堅強，選擇了隻身一人來到這個遙遠的國家，說著不屬於你們的語言，那得需要多大的勇氣才能辦到。而因為你們工作都非常努力，所以我很尊重你們。在這裡，不管做的是什麼，只要你願意付出，就能得到別人的尊重；時間久了，你就會發現哪些人有著善良的心，有著善良的心的人們，默默地就會聚集在一起，儘管我們之後分隔兩地。」

想起剛上雪山時，還覺得這個人講話很賤，頗惹人厭，後來卻成了在這裡最好的朋友，緣份真是奇妙。最後我送了他一個臺灣造型的鑰匙圈，他也承諾我，未來的某一天，一定會到臺灣來拜訪我，然後我們一起去吃他喜愛的港式飲茶。

■ 與 Niki 第一次見面時的話題就是港式飲茶。

# 滑雪

滑雪分為傳統式的雙板 Ski，與現今年輕人較流行的單板 Snowboard，前者上手容易進階難，後者恰好相反。

由於大學時有玩過滑板，於是我毫不猶豫地選擇了單板，不同的是，單板的雙腳必須整個固定在板上，每次停止後都得把固定器 Binding 拆掉用走的，要滑時再裝回來，相當麻煩。除了轉彎軸心相反外，玩滑板時總是想著該如何加速；而單板則是得拼命減速，不然會停不下來。

在這工作的其中一項員工福利，就是能用整季 325 澳元的租金，擁有一套屬於自己的雪具；無論你想玩單板還是雙板，就算中途膩了交換也沒關係，比起直接買一套方便許多，也不必擔心保養維護的問題，畢竟雪季結束後要賣掉或帶走都是個麻煩。

大家總覺得滑雪是一項危險的運動，親身體驗後卻覺得還好，因為雪地很鬆軟，要是不小心摔倒也不會造成什麼大傷害，否則也不會常見到許多未滿 10 歲的小朋友在雪場內衝來衝去。

每人依熟練度可接受的速度感不同，身體會有自我保護機制，當發現不受控時寧可自己先摔倒，不會做出超出自身能力的行為。除非白目跑去一些危險的滑道撞樹、撞石頭，或是倒霉被其他不會滑的新手撞。

我的同事有些滑到手骨折脫臼，甚至摔斷腿的，大都是因為去玩跳臺，又不戴護具，著地時出了意外，而他們其實都是滑雪的箇中好手。

只能說，我們總是對不了解的事物感到恐懼，但不管什麼運動，該做的安全保護還是要有。

　　可惜因工作太過繁忙的緣故，我一直到了雪季的尾聲才真正開始享受滑雪的樂趣，原本還想趁著雪山生活之便，順便考個滑雪教練資格，算是一個未完成的遺憾。

■ 在這深山中的小小村莊，常常覺得自己很孤單，每天生活的環境除了房間就是廚房，唯有腳下踏著雪板在雪地上奔馳，享受那冷風輕掠過臉頰的速度感時，才真正感覺到我是自由的。

# 雪山生活

雪季剛開始時，有位同事對我說：「在這裡就是要享受每天滑雪的日子，儘管隔天還要上班，身體已非常疲倦，一開始可能會受不了，但你會慢慢愛上的。然後你晚上就會睡得更沈，白天上班也會更有精神，這就是雪山的生活。」

但其實這樣夢幻般的雪山生活，不全是快樂的，應該說不快樂的部分比快樂的還要多很多。

既然不快樂為何還要繼續待下去呢？我只能說，人生本來就有順遂也有不如意，選擇了這樣的生活是因為它很難得，將來絕對會成為一生難忘的珍貴回憶，雖然珍貴與快樂不見得會畫上等號；但不管現在過得如何，那些「現在」都終將成為過去。

每當進行一段新的旅程時，總會回頭檢視之前的自己：那些奧班尼難忘的背包客棧日子、墨爾本的城市生活、北部的農場冒險、還有四個月來的露營車流浪之旅。

■ 某次滑完雪正準備回宿舍時，遇見了這三位小女孩。她們堆著雪人正愁找不到它的鼻子，於是我到廚房替她們拿了一根胡蘿蔔。

■ 這是旅館餐廳的後門，面對整個山莊的入口，每天出門倒垃圾時必定會看到的景色，記錄了整個雪季的陰晴圓缺。

　　從出發前，到現在的雪山，這一路以來，我成長了些什麼？得到了些什麼？我們並不能只是為了快樂就止步不前，因為若是在一個地方停留太久，那就不叫做旅行了；人生也不過是另一種形式的旅行，所以才更要不斷地努力向前，正因有失望、有悲傷，才顯得快樂更加珍貴。

# 雪季的尾聲

送走最後一批客人後，整個旅館忙著閉館，大部分人都訂了隔天一早的巴士下山；有些人打算年底接著去日本過一樣的雪山生活，也有些人計畫去別州的島嶼度假村與大海為伍。當天晚上，酒吧舉辦了一場員工宴會。

Knut 是我在這認識的一個德國滑雪教練，當我們在酒吧裡聊到雪季結束後的計畫時，意外地發現他也打算前往塔斯馬尼亞。

「我不知道要做什麼，去了再找工作吧！沒有計畫就是我的計畫。」以上這段話，並非出自一個背包客之口，而是從一位 54 歲，足以當我父親的人嘴裡說出來的，我感到十分驚訝。

Knut 除了是一位滑雪教練，也擅長木工跟汽修，這些都是在澳洲容易生存的技能；曾有過一段婚姻的他明白這才是他想要的人生，利用他擁有的專業浪跡天涯，冬天就輪流到南北半球各大雪山當滑雪教練，這何嘗不是種浪漫的生活方式？

在雪山的最後一夜，擔任房務主管的 Masey 提議所有人來玩一個遊戲－ Hide & Seek（躲貓貓），由於所有房務的工作已告一段落，這意味著，整間旅館都是我們的藏身之處。兩層樓加上地下室，大廳、酒吧、餐廳、廚房、和所有的客房，範圍何其廣，伴隨著最後的歡笑聲，結束了這段銀白色的旅程。

上 同事 Linda 與滑雪教練 Knut。

下 這是一個很難忘的冬天，我永遠都不會忘記在這美麗雪山度過的每一天，清晨窗外的冰柱、星空下的銀河、與暴風雪。

# 塔斯馬尼亞
## 追極光

　　塔斯馬尼亞 Tasmania，是澳洲唯一的島州，位於澳洲大陸東南角約 240 公里的外海，與墨爾本隔海相望，面積約臺灣的 2.5 倍大，其中約 40% 被列為國家公園、自然保護區與世界自然遺產。

　　因其秀麗風光與樸實人文，有「小紐西蘭」之稱；由於整個島嶼呈心形，加上盛產蘋果，也被稱為「蘋果之島」。

澳洲最古老的拱橋里奇蒙橋 Richmond
Bridge，西元 1823 年至 1825 年由當
時流放於此的罪犯修建而成。

# 生菜農場

透過當地仲介，我得到了一份生菜農場的工作，時薪 21.09 澳元。這間生菜農場，是整個塔斯馬尼亞 Woolworths 與 Coles（澳洲兩大超市龍頭）的主要供應商。

為了把握最新鮮的品質，我們得在天剛亮時採收，只要將生菜的上半部割掉，過幾天生菜就會再長出來，因此每天的工作就是移動到不同的區塊採收，偶爾拔拔雜草，與之前肉廠工作一樣，左手戴著厚手套，右手拿著砍菜刀，其實沒什麼危險性，也沒人因此受過傷；只是常在連續五六個小時的彎腰、砍菜、裝籃……的重複動作後，腰已經不是自己的。

由於周遭沒有任何的租屋或背包客棧，員工們大都得從首府荷巴特 Hobart 開車自行往返，單程約 40 分鐘，除了我例外，因為距離最近的免費露營地只要 5 分鐘的車程，因此省下了不少時間。大部分時候，我會漫步在古鎮里奇蒙 Richmond 的街道上，享受春天的氣息。

這個農場的同事大都是韓國人與中國人，雖然那時澳洲還未對中國開放打工度假簽證（澳洲政府自 2015 年 7 月 1 日起，對中國開放打工度假，每年簽證的發放額度是 5000 人），卻已有不少人藉著在偏遠地區讀大學的加分下，拿到了永久居留權。

在國外的韓國人是非常團結的，他們有著獨特的情報網與強烈的民族意識，一遇到好工作就會一個拉一個，因此也有人說，有韓國人在的地方，薪水絕對不差。同時，他們也不屑做那些低於法定薪資的工作，我想，這也是為何韓國近年來會如此強大的原因之一吧！

■ 一望無際的生菜田，種植著各個不同品種的生菜。

## 問題的本質

有一天，某個中國女同事的眼鏡遺失了，似乎是放在口袋裡，工作時不小心掉了出來，主管帶著她走了一遭沒有找著，立刻決定將早上砍的1000多公斤生菜直接倒掉，只怕已準備出貨的商品中含有異物，下午大家加班再砍一次。

令我訝異的是，那位同事並沒有受到任何處分，隔天依舊正常上班；當天下班前，主管召集了所有戴眼鏡的員工，要求在下次休假時，大家必須自備眼鏡繩，以免類似的情況再度發生。

因為他們認為，只要是人都會犯錯，會發生這樣的意外，是公司的制度不夠完善，而不是人的問題。反觀在臺灣，比起解決「問題」，我們似乎更熱衷於解決「提出問題的人」。

這件事給了我莫大的衝擊，回想起第一年在奧班尼工作的時候，記憶中的主管們也總是笑著的。

永遠不會忘記剛進肉廠時，初學乍練的我笨手笨腳，時常害生產線大塞車，而主管只是默默地走到身旁，一邊觀察我的動作，一邊指導我正確的用刀方法，迅速地把「塞車」的原因解決後離去。

再隔一會兒發現你確實有進步時，便對你發出燦爛的笑容，比起大拇指說聲：「Good Job！」。怪不得表弟對我說：「在臺灣，我們雖然做著像人一樣的工作，可是總被當成狗看待；在這裡卻是相反」。

那些主管們甚至偶爾會互相比較，為了某個快手是誰教出來的而感到驕傲，這才叫做尊重，在這樣的環境下工作，儘管辛苦，卻每天都很開心。

■ 每天要砍上好幾百籃的生菜。

## 旅途的贈禮

基本上，只要在農場工作，都能免費得到相關的作物，肉廠就算不能免費，也多半可用超便宜的員工價購買。

最初的馬鈴薯農場，在結束的最後一天，每人搬了一袋 20 公斤的馬鈴薯回家，以及後來的栗子、小黃瓜、青椒、洋蔥，與這時的生菜。為了省錢我們總會自行開發相關料理，焗烤馬鈴薯、炸薯條、馬鈴薯燉肉、馬鈴薯泥、各種咖哩、義大利麵疙瘩……等，也因此在某時期吃的都是差不多的食物。

要是周遭的朋友都做不同的工作就更有趣了，偶爾我們會拿這些東西互相交換，栗子換奇異果、生菜換草莓……等。然而，更多時候卻是，收到來自他人的禮物。

有個朋友每次見面都會塞一袋蘋果給我，或是烘培坊沒賣完剩下的麵包、自製的果醬與香腸，甚至是家裡養的雞生的蛋，都曾收到過。有時，這些人僅僅只有一面之緣。

我喜歡這些在旅途中的際遇，彷彿人與人之間有條看不見的線繫著，除了長短不一之外，粗細也不同。當彼此的互動變得如此原始且單純時，那種快樂是發自內心的，也因此無論年紀再如何增長，我都不想失去最初的那份純真。

也許正因這樣的旅行方式，與人邂逅的機會比一般人多了許多，在訴說著旅行趣事的同時，聽到的是更多人生經歷。

日本有句諺語叫做「一期一會」，意指「一生只有一次的相會」，經過了這次，也許再也沒有機會重逢。提醒我們應好好珍惜每一個邂逅，因為每一個轉身，可能就是一輩子。

背包客的故事永遠也說不完，分分合合後倒也學會了灑脫；今朝有酒今朝醉，明日愁來明日愁，對酒當歌，人生幾何。

# 尋鬼團

在澳洲的這幾年，怪誕詭奇的事共遇過三次，奇怪的是，我在澳洲卻不怎麼怕這種事。是的，只有在澳洲。也許是受到澳洲文化的影響，在塔斯馬尼亞我曾因好奇，參加過兩次尋鬼團 Ghost Tour。

## 荷巴特的尋鬼團

自從 1788 年亞瑟　菲利普艦長 Arthur Phillip 率領著第一艦隊登陸雪梨 Sydney 後，澳洲正式成為英國的殖民地，當時主要為英國流放罪犯的地方。

而後，他們也來到塔斯馬尼亞蓋起了監獄，因此首府荷巴特可說是僅次於雪梨的第二古城。儘管歷史悠久卻沒有雪梨的繁華，其中隱藏著許多悲傷的故事，這裡曾是囚禁及處決罪犯的地方，據說在其中幾個公園地底下，就埋葬著許多屍體⋯

在抵達荷巴特的第二晚，我們報名了一個很特別的行程－夜間的尋鬼團。導遊領著我們走進舊城區巴特里角 Battery Point，穿越一些有著靈異傳聞的古老房屋與街巷，一邊聽著鬼故事，一邊讓我們自由拍照，並向我們展示之前她帶團時曾拍到的靈異照片。

■ 集合地點在薩拉曼卡廣場 Salamanca Place 的麵包店前，導遊本身就像個靈媒。

餐廳內的流血蠟燭、孕婦無法進入的二樓、不知自己已死仍努力工作的鬼魂、後院穿著晚禮服的女人⋯⋯。就這樣，晚上一群人站在這些事發地點聽導遊說著鬼故事，令人毛骨悚然。

更妙的是，這些有過故事的餐廳、旅館、甚至是一般住宅，現在仍正常營業，或是有人居住。儘管那些地方偶爾還是會發生超自然現象，他們仍抱著井水不犯河水的心態繼續生活著，要是在臺灣早就變成凶宅，沒人敢住了。

行程中就有經過一間普通的民房，屋內住的是名單身男子。據說自從他搬進去後，偶爾會在半夜聽到莫名的腳步聲、開門聲或沖水聲，就好像有另一個室友一般，但他住了一陣子後發現也沒什麼不便，就一直相安無事到現在。

上 這間古老的宅邸傳聞只要懷孕的女性上到二樓就會昏倒。
中 據說在圖正中的樹旁，偶爾會看到一個穿著晚禮服的女人。
下 與鬼魂和平共處的單身男子住所。

## 亞瑟港的尋鬼團

亞瑟港 Port Arthur 位於塔斯馬尼亞的東南角，塔斯曼半島 Tasman Peninsula 的尖端，距離荷巴特約 100 公里處。

港內有個名為死亡之島 Isle of the Dead 的小島（在亞瑟港內可預訂渡輪行程上島參觀），所有在亞瑟港去世的人都會被送來此處，這麼小一座島上共有 1646 個墳墓，但只有 180 名看守獄卒與軍人的墓碑上刻有名字。

1833 年時，這裡為英國與愛爾蘭重刑犯的關押所，因三面環海且不時有鯊魚出沒，唯一與大陸連接的道路僅有 30 公尺寬，這條路上有重重陷阱與士兵惡犬嚴守，成了一座獨一無二的天然牢籠。唯一的生路被斷，跳海又會成為鯊魚的餌食，被關押者承受著極大的心理折磨，甚至不惜嘗試殺害他人以求一死。

當然這裡也有夜間尋鬼團，由於不少囚犯生前在此受盡折磨，使得亞瑟港籠罩著一股陰森的詭異氣息，尤其在瞭解它黑暗的歷史後，更是令人感到不寒而慄。

導遊帶領我們走過被焚毀的教堂、舊監獄以及地窖，只有幾位勇士被委派手持油燈，分別走在隊伍的前、中、後頭。除了微弱的燈光外，有些地方甚至伸手不見五指，一行人就在這種詭異的氛圍下，聽著導遊繪聲繪影地描述這裡死了多少人，又是怎麼死的。

上 死亡之島 Isle of the Dead
下 挑戰膽量的夜間尋鬼團

**上** 被焚毀的教堂

**下** 當油燈放在這鬧鬼傳聞最凶的鬼屋裡時，並不是讓我們照明用的，而是為了徵詢屋主的同意，可否讓我們入內。若是取得同意，那油燈內的火光會呈現穩定狀態，然而，他們並不會每一次都歡迎客人來訪。

## 澳洲人的生死觀

公路旅行時，常會在路邊看到袋鼠屍體。一位當地人曾對我說過，當他們不小心撞到野生動物時，要是牠受的傷還有得救，他們會馬上打電話請人來支援救助（澳洲公路上常可見到野生動物救助專線的告示）。若是沒救了則會給牠一個痛快，不讓牠繼續受苦，然後就這樣遺留在路邊，也不會埋起來，只是任由其他的野生動物啃食，因為這就是自然的循環。澳洲人並不是冷血，只是比起死亡，他們更重視活著的時候。

不像我們去世後要循禮法辦喪儀七七四十九天，法師誦經燒紙錢，重喪還得守孝百日，簡直是折磨活著的人。而澳洲人的喪禮則是簡簡單單兩三天就結束了，基本上除了一些遺囑及法律上的處理外，大家都很平靜地過著自己的生活，隨著時間慢慢撫平傷痛，每人撒進一把土壤與鮮花，讓一切回歸自然。

然而，每年聖誕節努力地裝飾家裡，一年一度的生日聚會、長假時的全家旅行，他們卻不願輕易放棄任何一個可以和家人團聚的機會，也提醒了我要好好珍惜身邊重要的人。

我也逐漸能夠理解為什麼澳洲人能夠在鬧鬼的酒館繼續營業，和另一個世界的室友同住一個屋簷下。對他們來說，這些都是自然的一部分，就跟那些路邊的動物屍體一樣，只要抱著彼此互相尊重的心態，又有什麼好害怕的呢？

# 在塔斯馬尼亞的日子

最初會來到塔斯馬尼亞，有兩個很重要的原因，一是想吃很多免費的海鮮，二就是追極光。

因塔斯馬尼亞獨特的自然風光，整座島都是露營勝地，面積也不大，可説是公路旅行的絕佳地點。

在生菜農場存了足夠盤纏後，再度開始旅行。到處爬山、海邊釣魚、親近可愛的野生動物，現在回想起那段時光，仍是我人生中最美好的一段日子。

## 免費海鮮

塔斯馬尼亞的島嶼地形，加上遠離本島的工業污染，從這片純淨海域中孕育出的海鮮遠近馳名，不但盛產鮭魚、生蠔，連鮑魚、龍蝦都是一絕。且除了內陸之外，一般沿海漁業活動皆不需釣魚許可 Fishing Licence，是個名符其實的海鮮天堂。

釣魚是會上癮的，在旅行中只要發現了新的點就會想去嘗試看看，一方面好奇這裡有什麼特別的海洋生物，另一方面也能欣賞不同的海景。路過海岸的調皮海豚，隨著漲潮前來覓食的巨大魔鬼魚，甚至是迷路的海豹，處處都讓人深刻感到驚奇，以及大海豐沛的生命力。

剛到塔斯馬尼亞時，熱衷於到處找尋生蠔採點，從最初傻傻地整顆挖回家，到後來學聰明直接用生蠔刀開殼取肉帶走，省了還要清理外殼的麻煩。不過由於太容易取得，竟然沒吃幾次就膩了。

上 只要在海邊看見遠處礁岩一片米白，很大的機率就是生蠔。

下 在碼頭釣上魷魚時，要先注意避開牠噴出的墨汁，然後就這樣放在棧橋上等牠逐漸失去生命的色彩。某次運氣不錯，不到兩個小時就釣上了三隻，只可惜就在我轉身洗手時，居然被一直在旁虎視眈眈的小偷海鳥硬生生叼走一整隻，還是最大隻的！

## 夜不閉戶的小鎮

旅行時為了省錢，偶爾會跟當地的住戶借衛浴，畢竟我的露營車沒有衛浴設備。

那是一個在山丘上擁有美麗花園，可以直接透過窗戶看到海的小屋，屋主是鎮上的五金行老闆。

那晚，正巧是他們女兒生日，白天大豐收釣到了許多魚，女主人大方地教導我該如何處理這些魚，然後料理牠們，大家一起慶祝並享用。

在盥洗完互道晚安後，女主人說，由於他們一早便要出門上班，至於屋內的設施請我們隨意使用，離開前只要將門闔上就好，這裡都沒在鎖門的。儘管我只是個相處過一晚的陌生旅人，他們仍然如此信任並熱心招待，這些人心最純樸的善意，總能在旅行中溫暖我心。

■ 五金行老闆的小屋。

我的**移動城堡**

## 吉普賽

　　海洋沙灘 Ocean Beach 為塔斯馬尼亞西側最長的沙灘。在這露營時，遇到了一位獨自旅行的澳洲女性，開著她自己設計的露營拖車 Caravan。

　　她花了數年時間到處找工廠，一點一滴從底板逐漸往上建造起來，由內而外的歐式鄉村風格；外有銅質門鈴、手動木門、壁掛盆栽，內有鐵製柴火爐、英式地毯，與帶著蕾絲門簾的床鋪。就這樣開著車住在自己的家裡，到處旅行，走走看看停停，簡直就像個吉普賽人。

　　她邀請我們至屋內，並招了杯熱紅茶，分享她的設計過程，以及靈感來源，並給我看了一本書，書上全是經過特別設計的露營車，就像常見的室內設計書籍，只不過是露營車版本。

　　雖然我也很嚮往開著自己設計打造的露營車旅行，可惜我只是個背包客，沒有足夠的時間能讓我這麼做。在打工度假有限的兩年內，能過著這樣以露營車為家的生活，已是竭盡我所能。

上 浪漫的露營拖車 Caravan
下 露營拖車內部

## 追極光

　　雖然在塔斯馬尼亞有機會看見南極光，但因緯度不夠，使得必須同時具備諸多條件才有辦法達成，多數情況是無法用肉眼清楚捕捉的，儘管我在這裡生活了三個月，也只追到了一次。

　　十月份的塔斯馬尼亞依舊寒冷，偶爾清晨擋風玻璃上還會結霜。

　　第一次出現極光時，我住在荷巴特附近的露營區，正好和鄰居澳洲老夫婦在外欣賞五百年只出現三次的血月蝕，一邊享用他們招待的愛爾蘭咖啡。

　　恰巧這時極光跑出了高指數，可惜所處的露營區地點不好，等到我又開了一個多小時車到達最佳觀測地點時，極光早已消散。

　　第二次出現時，和朋友在布魯尼島 Bruny Island 上露營，我們登上了雙峽灣 The Neck 的最高點，路上還遇到了三隻正在過馬路的小企鵝，可惜這次因多雲再次錯過。

　　第三次出現時，是正巧在睡前看了一下極光預報而發現的，剛好萬里無雲且無月亮光害，我們再度一路奔至最南端海岸，總算追到了極光。

■ 儘管氣溫只有 5 度，按快門的手指屢次凍僵，內心卻是滿滿的感動。雖然沒有像北歐那般夢幻光景，也許更多的來由是對那樣不斷設定目標，然後達成的自己，感到滿足。

# 選擇

來到澳洲成了背包客之後，第一件要習慣的事，是別離；第二件要習慣的，是選擇。

我們無時無刻不在做選擇，只是或多或少，或大或小。有時困難的並不是做選擇，而是該如何放棄那些因選擇而失去的。這世上少有魚與熊掌可以兼得的美事，而放棄只是為了得到更重要的事物。

在洋蔥農場的尾聲，Frank 問我有沒有興趣在工作結束後，到他兒子的炸魚薯店繼續幫忙。

雖然沒詳問薪水，不過光是種洋蔥就有時薪 19 澳元了，想來應該不會太差。當時我一心想要上雪山，儘管連面試都還沒確定，但這是我無論如何都要達成的事，於是拒絕了 Frank 這份好意。

後來如願上了雪山，沒想到聖靈群島 Whitsunday Islands 居然與雪場有合作關係，而且還是其中最熱門的漢密爾頓島 Hamilton Island（2009年曾紅極一時的世界最棒工作大堡礁島主，就是漢密爾頓島）。

由於雪場與島嶼都是季節性的度假勝地，工作內容也相近，經理問我們有沒有意願在雪季結束後，直接到大堡礁工作。

這無疑也是畢生難忘的經驗，但我仍拒絕了。被關在雪山三個月已經悶壞了，更別說要再被困在小島上六個月，況且若是去了，那不就失去我買這台露營車的意義了。

　　在塔斯馬尼亞的尾聲，得到了櫻桃工廠的工作機會。因為櫻桃季節短，且營養價值高，是個可以輕鬆週薪破千的「夢幻工作」，但我依然拒絕了，只因一個與好友之間的約定。

　　我們在出發澳洲前曾約好，一起在雪梨跨年，第一年由於集二簽的關係無法達成，這是最後的機會，我非做到不可。

　　旅途中，總有許多的挫折與誘惑，考驗著你的意志堅不堅定。總會在突如其來的時刻，要求你做選擇。什麼是真正想要的？其實很多時候你一直都知道，只是偶爾忘記了。有些人迫於現實不得不放棄，也有些人依然在尋找著那個答案。

　　每段旅程都是在累積勇氣，為了完成更偉大的目標。在旅途中所遇到的人、犯過的錯、聽到的新想法，都能讓自己變得更加強大。有時候，我們只需要更相信自己一點；有時候，我們只需要再多一點點勇氣；有時候，選擇只是為了不後悔。

5

# 旅途並非
# 總是順遂

　　儘管大學就拿到駕照，實際上路經驗
卻是五根手指頭都數得出來；憑著一股衝
動買了露營車，卻完全不懂車，因此摸索
了好一段時間。

　　露營車大台又是手排不好操控，加上
後面是房間，中間的後照鏡是沒有作用的，
在如此難駕馭的情況下也吃了不少苦頭。

旅途中迎接我的，不完全是平坦筆直的道路。

# 交通意外

### 第一台車

　　剛到奧班尼時，多虧了熱心的臺灣朋友 Alistar 的幫助，得以在各個農場工作，在澳洲沒有車就像沒有腳，尤其是偏遠地區，所以有車的人通常會特別受歡迎。

　　可惜在葡萄園剪枝的某個清晨，我們因輪胎打滑衝出道路撞上樹，Alistar 的車因此毀了。

　　巧合的是，車禍的前一天，才有個臺灣朋友說要送我一台車；而車禍的當天，Alistar 才正想辦保險。

左 與臺灣朋友 Alistar 第一次從奧班尼到伯斯的亞洲超市大補貨。
右 車子雖然毀了，但幸好我們都沒受傷，在澳洲上路前最好將車險買足。

■ 與臺灣朋友 Ella 的交車儀式。

　　Ella 是我剛到澳洲第一天就認識的朋友，也是我在澳洲非常重要的貴人；在開始打工度假之前，我安排了一趟弗里曼特爾 Fremantle 一日遊，這個行程約有 20 名背包客參加，Ella 是其中一位。我們剛好都是鼓手，喜愛的音樂類型也相近，我有空也會幫他抓抓歌、寫寫譜，或是一起聊音樂。

　　當時他正想換車，舊車問題太多，要是賣了也會良心不安，車子狀況雖不好，但至少還可以開，想想乾脆就送給我了。這是我的第一台車，雖然問題不少，卻也神奇地撐到我買了露營車才壽終正寢。之後買露營車的交車過程，也是多虧他的幫助才能如此順利，我們一直保持聯絡，一年後在塔斯馬尼亞再度相見。而就在將車開回奧班尼的夜路上，經歷了第一次撞袋鼠。

## 撞袋鼠

這幾年的旅行中，一共撞過三次袋鼠。

剛到澳洲時，就曾聽過許多前輩告誡，黃昏之後最好不要出城，那時郊外是袋鼠的天下，描述得彷彿喪屍般恐怖。

更別說夜晚在路邊被大燈閃到，導致袋鼠們產生暫時性的失明，一隻隻有如自殺敢死隊般的袋鼠大軍朝你直衝而來，這才是最令人害怕的。

其實除了袋鼠之外，澳洲也有許多夜行性的野生動物，只是袋鼠有個獨特的特性：只會往前跳不會倒退。正因袋鼠擁有如此「勇往直前」的精神，才成了澳洲國徽上的象徵動物之一。

第一次撞袋鼠，時速約90公里，從路邊突然衝出，導致我們嚇了一跳往對向車道閃去，好險只有左前車燈爆掉，袋鼠也因擦撞不知飛到哪去，但深夜的公路也沒有足夠的空間好讓我們停下確認，只能就這麼離去。

之後買露營車，裝上了袋鼠笛，也許是起了作用，在之後漫長的旅行中只發生過一次意外。

■ 袋鼠笛：將這兩個小傢伙黏在車頭上，當車速高於時速55公里時，風灌進這個特殊設計的小風孔裡，就會發出人耳聽不到、但動物不喜歡的高頻噪音，可以使前方 400 公尺內的袋鼠或是其他野生動物遠離，避免他們的自殺式攻擊。

另一次，是在西澳即將接上寂寞公路的荒野上，夕陽餘輝映照著泛紅的晚霞，天色漸暗，遠遠地就看見遠方路旁有隻袋鼠正蠢蠢欲動。

我慢慢減速，接近時大概只剩時速 60 公里，牠突然往我這衝來。對向車道正好沒有來車，我冷靜地切換過去，只聽見左側一聲撞擊的悶響，還好開的是露營車，一點事也沒有。

第三次撞袋鼠，是以前樂團吉他手來墨爾本旅遊，我們一同租車出去玩，在從大洋路 Great Ocean Road 往格蘭屏國家公園 Grampians National Park 的夜路上。

格蘭屏山腳的袋鼠密度驚人，平均每五分鐘就能在路邊看到一隻，差別只在於牠們的頭朝向哪側。

我小心翼翼地將時速放慢至 80 公里甚至更低，以便隨時反應牠們的突襲。在進入國家公園約半小時後，果然有隻袋鼠朝我們襲來，和第二次的經驗一樣，只是這次是租來的小車，左側被撞凹了。幸好我們保了全險，人車平安，也不需要任何賠償。

除了袋鼠，我也曾在山中遇過野鹿、袋熊 Wombat 與針鼴 Echidna，荒野上遇過野牛與鴯鶓 Emu，森林中遇過兔子與狐狸，甚至在海邊撞見企鵝過馬路。

在澳洲，最好避免夜間駕駛。白天視野良好倒不要緊，夜晚常因注意力不集中，面臨突如其來的一閃常會驚慌失措。除非你能保持鎮定，否則最好不要刻意閃躲，尤其在對向還有來車時，這時只能選擇直接撞上去，否則出事的就會是自己。

# 最瘋狂的露營

剛買露營車時，跟一位釣魚認識的英國朋友 David 一起去露營，熱衷於戶外活動的他，口頭禪是：「我有一個＿＿的秘密基地」。

David 的父母都在雪梨，只留他獨自在西南澳生活，從小在這長大，對奧班尼是熟到不能再熟。

雖然 David 像個小屁孩，卻有非常豐富的戶外知識，無論是看星星、還是釣魷魚 Squid、抓蛤蜊 Pipi、鮑魚、螃蟹，他總是能找到樂子。

他有個很大的帳篷，根本是二房一廳，在澳洲露營不像臺灣，是可以非常享受的。即便如此，在我買了露營車後，他仍然對我投以無比羨慕的眼神。

有一次我們買了一堆食物飲料，浩浩蕩蕩地朝著約需 40 分鐘車程的雪莉海灘 Shelley Beach 免費露營地前進。沒想到竟然大客滿，一個空位也找不著，看著遙遠的公用烤臺卻無法使用，肚子不禁咕嚕咕嚕的叫了起來。

上 英國朋友 David（攝於 Porongurup National Park, WA）
下 David 的帳篷（攝於 Waychinicup National Park, WA）

「這附近的話，我好像也有個秘密基地。」David 的口頭禪又出現了，帶著一副吊人胃口的表情，沒想到他連這種鳥地方都熟！

接著他把我們帶到一個更偏僻的懸崖邊，示意今晚就在這裡過夜；其實這是違法的，在澳洲不能隨意露營升火，只是當時也不太清楚，心想，反正有地頭蛇罩著，就不太在意，怎麼解決我們當下的問題才是當務之急。

想當然爾，在這種鬼地方不會有烤臺可以烤肉，於是我們兵分三路：搭帳篷、搜集柴火、尋找可充當烤盤的東西，薄又寬的石板是理想首選。

■ 沒看過這麼長的烤盤吧？

過了好一會兒，他們居然當街拆了一塊長型路牌下來！算了，肚子餓了也顧不了這麼多，包了鋁箔紙就這樣烤下去。

夜晚，在完全的黑暗中看著營火，彷彿有股魔力般無法轉移視線，靜靜的海浪聲搭配爵士樂與啤酒，我們就這樣在星空下度過奇幻的一夜。

隔日一早醒來，David 已將他的二房一廳帳篷收好，不見蹤影，前夜的營火也早已毀屍滅跡。原來崖邊小徑下有座無人小島，我們痛快地下水玩耍去。 David 兄弟潛入水中，莫名朝我們丟來什麼東西，仔細看，居然是現採的鮑魚！ David 總能帶給我無窮的驚喜。

上 由左至右分別是 David 的弟弟 Ben，敲著箱鼓的 Mori，以及我表弟 Ray。此時的遮陽棚還是壞的。
下 通往無人小島的岸邊小徑

# 雪山驚魂

我通常不在沒有旅伴的情況下單獨開車，除了露營車大台不好開之外，死角也很多，但也有無可避免自己開車的時候。就在赴雪山工作報到的前兩晚，我被困在郊外了！

那晚落腳雪山山腳下的小鎮金德拜恩，本來打算去隔壁僅僅不到十分鐘的車程的小鎮拜訪朋友。就這麼一次抱著僥倖的心態，透過導航乍看是一條正常的捷徑小道，但其實根本無法讓一般車通行。

月光下視線灰暗，剛轉進去時是條普通的紅土路，只是窄了一些，隨著逐漸深入，路況變得愈來愈差；但我已不能回頭，沒人幫忙看後方根本無法自行倒車出去，只好硬著頭皮繼續往前，祈禱能早點通到大路。

一個人獨自在寧靜的夜裡行駛著，眼前大燈照著凹凸不平的紅土路面，除了引擎運轉的轟轟聲，只剩我的心跳劇烈撲通撲通跳著，身體無法停止顫抖。整台車彷彿面臨五級地震，背後的房間

在悲鳴，傳來許多物品被震落的撞擊聲，因為路況已經差到將近要翻車了。

　　一路持續下坡，眼前出現了一個雙岔路口，右邊是導航告訴我該走的路，但一看這高低起伏肯定會翻車。只是左邊也沒好到哪去，兩條輪胎溝痕幾乎深及膝蓋，然而我已別無選擇。

　　「絕對不能陷進去！」我這樣告訴自己，一邊向左行駛，一邊將輪胎打往另一旁地勢較平的草地，總算找到了一個足夠平坦可以讓露營車迴轉的空地，不過也因打滑而再也動彈不得，就這樣我被困在這荒郊野嶺中。

■ 在金德拜恩 Jindabyne, NSW 旁有個美麗的湖。

再怎麼嘗試也無法獨力脫離險境，只好到處求援，忙了一晚依然求救無門。

問了道路救援也因這城鎮沒有合作的廠商，必須得從雪梨派車過來，大概得花上一天的時間，但我後天就要到雪場報到了。

期望隔日一早有路過的人能幫忙，也在擋風玻璃上留了字條。該做的都做了，幸好我開的是露營車，儘管氣溫只有零下四度，車內還有溫暖舒適的空間讓我休息，就這樣忐忑不安地度過了這晚。

隔日一早，鎮上有三名臺灣人看見我 PO 上網的求救訊息，特地趕來救我。帶著木板與硬紙板，鋪在後輪下以增加抓地力。雖然結果仍徒勞無功，但至少身邊有人陪著，安心許多。

就在此時，碰巧出現三位騎著越野單車的當地人路過，背後彷彿散發著萬丈光芒，告訴我們那些板子其實作用不大，要我們全員爬上後門擋板，不斷上下搖晃來增加後輪瞬間抓地力。

「接下來可能會有點危險，要是覺得情況不對請馬上跳車」，其中一名當地人一邊說著，一邊坐上了駕駛座。接著直直往那兩條深溝，直接開足最大馬力，一路往上衝。霎時就像搭雲霄飛車般高速地劇烈晃動，好害怕車子因此翻車或打滑衝去撞樹，但他確實成功了！

這麼瘋狂的方式要我來絕對辦不到，連來幫忙的臺灣朋友們也在一旁看得傻眼，但這的確是唯一解法。因為深溝內有最大的抓地力，與其擔心被卡在裡面出不來，不如主動去利用它。

重獲自由的感覺真好，但我因此再也不敢一個人開車，更不敢開上這種沒有鋪柏油的紅土路。

■ 這條似乎是當地人將船拖進湖內的小道，我就在這種鬼地方被困了一晚。

# 狀況頻頻的旅程

澳洲有許多車廠是按零件分開銷售的，像是輪胎、電池、車窗、車用品。此外也有專賣各式保險桿、車頂架、牽引桿，甚至還有專門處理露營車的車廠，或是有如尋寶一般的報廢車二手零件廠，俗稱「殺肉廠」。在澳洲買了二手露營車的我，在不了解車況的情況下，走了不少冤枉路。

## 保險桿

當初買這台露營車時，保險桿是分開的，原車主說那是之前訂做，只是一直沒裝上去，要的話算我 250 澳元就好。聽過很多撞袋鼠的傳聞，為了往後的旅行安全，二話不說將它買下。但拿到車後繞了整個伯斯，才發現沒有任何一間車廠願意幫我裝上它，理由很簡單，因為這不是他們家的東西。

幸好我在這個訂做的保險桿上，找到了一點蛛絲馬跡：一張磨損得差不多的貼紙，似乎標示著製造它的地方與一組電話號碼。

我沿著線索撥通，老闆的回應讓我覺得好笑：「我不記得我們有做過那樣的東西，不過若是上面留著我們的電話，那應該就是我們做的；既然是我們做的，我們應該知道如何幫你裝上它」。

很巧的，那間車廠就在我生活的地方－奧班尼，於是就這樣繞了一大圈又回到原點，才解決了這件事。

## 變速箱

出發旅行前，將整台露營車大掃除了一番，該保養的保養，該維修的維修，慢慢地將自己的行李移至車上，準備日後在車內生活的打算。

肉廠工作正式結束，開始露營車生活的日子終於到來，卻在出發第一天就出了大狀況。

起初只是打不上五檔，也不知哪裡出了問題，因擔心延誤旅行進度，急忙在伯斯找了許多間華人車廠，希望能快點解決問題。

第一間車廠，是一位年輕的臺灣師傅，說要先試車了解情況，他說：「要試試看才知道啊！」，於是他一邊駕駛一邊硬是將打不上的五檔卡上，只聽碰的一聲，五檔變成空檔了。後來他說，應該是變速箱的問題，但他解決不了，請我另請高明。

第二間車廠，師傅沒有試車，只是爬到車底下，聽聽換擋的聲音就知道了。他告訴我，原本應該只是變速箱油太久沒換，導致換擋不順，還有辦法修理，但現在五檔整個壞掉，只能將變速箱換了。

在不懂車的情況下，我後來才逐漸了解，原來，最初送去保養時根本沒保養好，而原本能修好的小故障，卻被第一個臺灣師傅弄壞了。只好接著跑了四、五家車廠，以及鄰近的「殺肉廠」，尋找這台車可用的二手變速箱。最後救了我的，是一位中國師傅，而我珍貴的旅費，也因此在剛啟程時就少了 1700 澳元。

■ 剛組裝完成的全新車邊帳遮陽棚。

## 遮陽棚

　　我的露營車有個車邊帳的遮陽棚，但很遺憾的，也許是帆布老舊脆化的緣故，就在剛拿到車第一次試開時，被突如其來的狂風一吹，它就爆了！之後一直想修卻不知何處可修。

　　接下來我一路旅行，經過了南澳、維多利亞、上了雪山，最後終於在塔斯馬尼亞島上，找到了專門維修露營車的車廠。

　　車廠老闆好心地問我有沒有保險，其實挺訝異這個東西也可以理賠；而在保險專員詢問我事發時間地點時，因一時想不清楚還在思考中，就被告知隨便講一個也行，看來是位不拘小節的專員。

　　於是演變成西澳保的險，卻在塔斯馬尼亞申請一起半年前在南澳發生的事故理賠。我也因此只花了 500 澳元的出險費，換到一個價值 1300 澳元的全新遮陽棚。

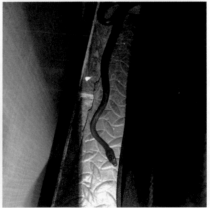

上 起初不知是電壓不穩還是怎樣，室內燈壞了好幾次，後來才知道原來露營車用燈為 12V，平常使用的燈泡為 220V，當然無法使用。最後也全面升級為 LED 燈泡，可在露營車用品店購得。

下左 在墨爾本生活時，只是停在路邊，卻倒霉地被附近疑似吸毒的人砸碎玻璃，因此噴了 330 澳元，還是郊區的治安好。

下右 在北昆士蘭旅行時，除了在森林溪邊被水蛭咬，每天遭各種奇形怪狀的昆蟲騷擾外，某日一早還發現有蛇爬近床邊，我真是受夠熱帶雨林了！

車內車外看澳洲

# 1

# 在生活中旅行

　　每個男人都有個屬於自己的浪漫，在生活中旅行，在旅行中生活，追尋這夢想，又何嘗不是一種浪漫？當旅行已變成生活，就不可能事事都先做好計畫，尤其是這樣以年為單位的旅行，很多時候是走一步、算一步。

　　這僅僅不到兩坪大的房間，陪伴我經歷無數旅程，看遍各地日昇日落，遇見各式各樣的人，然後發生許多故事。歡迎來到我的移動城堡！

外觀：有車邊帳遮陽棚，平常還可溜滑
板出門。

# 是車，也是家

車尾往車頭視角：左側依序為電視、電風扇與掛式衣櫥，牆壁有2插座、1車充與電燈開關。右側為廚房，布簾後就是駕駛座。牆上是滿滿的旅行照片。

車頭往車尾視角：餐桌可變形床鋪。隔壁來串門子的貓。左右兩側底下為儲物櫃。

廚房區：上側為洗手槽，下側由左至
右依序為微波爐、各式食材與調味料、
廚具以及氣炸鍋，當然也要有滅火器。

可以直接用氣炸鍋炸雞腿吃。

電視下是車用冰箱，一旁
是掛式衣櫥與玄關。

床上的天窗。

左側床底儲物櫃，
依序為不常用到的
雜物、日用品（衛
生紙、備用洗潔精、
盥洗用具）與酒櫃。

右側床底儲物櫃，依
序為車用裝備：千斤
頂、備用機油、備用
皮帶；家用品：備用
燈管、備用床單、棉
被；各類食材。

在群山之鎮奧米歐 Omeo, VIC，買了一個很適合擺在床頭的鹿角裝飾，還有著名的塔斯馬尼亞薰衣草小熊。薰衣草的香氣有舒緩神經，幫助入眠的效果。

為避免夏天炎熱，也購置了暖 / 涼風扇。

冬天時床上鋪上電熱毯，更感暖意。

露營時可以玩 Wii，
或是看電影。

澳洲聖誕節都有裝飾自己家裡的習慣，
我也試著改變了一下氣氛。

夜間的露營車內部。

# 露營車上的生活

## 露營模式 & 旅行模式

　　不管哪種露營車都一樣，分成兩種狀態：一為抵達據點後的露營模式，與轉移據點時的旅行模式。

　　進入露營模式時，會將外部電源與水管接上、車邊帳拉出、擺好野餐巾及露營桌椅，開始享受這趟露營。而切換到旅行模式前，必須確認好居住空間內所有東西是否已收好並牢牢固定，尤其是易碎物。

■ 露營時可另外再鋪野餐墊、餐桌與帳篷，也有太陽能設備。

# 車屋公園

　　住在露營車上的生活非常自由，為了讓旅行更有彈性，而不是一直為了行程趕路，通常是當日才決定晚上住哪？每間車屋公園的風景不盡相同，探索裡面的設施，拜訪隔壁鄰居，都是一大樂趣。

## 也要退房 ?!

　　車屋公園大都是早上十點退房，因此九點鐘起床成了常態，梳洗後吃份早餐，將露營用品回收轉換為「旅行模式」，便開始新的冒險。雖然還是常因賴床超過了時間，但畢竟所謂的「退房」，只不過是將車開走罷了。

■ 群山之鎮奧米歐 Omeo。（Holstens Camping Park, Omeo VIC）

# 公路旅行的日常

公路旅行時，每日映入眼簾的，都是嶄新的風景，每條陌生的道路，都是未知的挑戰。你永遠不會知道明天會遇到怎樣的人，展開什麼樣的故事。

也許上午才剛到新的城鎮遊客中心收集情報，在河畔公園野餐，下午就登上某座剛剛聽來的山、在某個私房海灘戲水。即使是同樣的路線，每個人都會有不同的際遇。

上 每個城鎮的遊客中心風格大不同，有些甚至是圖書館或博物館，有著濃厚的歷史氣息。（Information Centre, Orbost VIC）
下 再美的風景，每天看也是會膩的。城市生活中奢侈的星空，在這裡倒是抬起頭便能見到。

# 露營時的消遣

郊外大多收訊不好，露營時除了生營火外，就只能躲在車裡看電影、玩遊戲，如果空拍機能早幾年發明就好了。

## 張羅三餐

雖說是露營，吃的卻一點也不含糊，我有一台氣炸鍋，懶惰時買些冷凍食品，炸炸雞塊、薯條、魚排，或是醃個雞腿、小羊排，丟進去 15 分鐘後就是一道美味的佳餚；偶爾心血來潮炒幾道菜，弄鍋麻油雞進補一下。

除了每次經過大城市會去亞洲超市補貨之外，在每個陌生的城鎮逛市集，掃特價品也是公路旅行的樂趣之一。

■ 誰說露營不能吃麻婆豆腐？

## 釣魚

　　釣魚在澳洲是全民運動，每到週末總是可以在碼頭上，看到全家一人一竿，配著零食飲料，一邊聊天一邊釣魚。富裕一點的家庭，則直接買艘遊艇出海船釣。在澳洲部分區域進行漁業活動是需要申請釣魚許可Fishing Licence 的，有些州則不用。

　　而我也從一位英國好友那學會了釣魚。自己捕捉海鮮不但省錢，也能為旅行增添樂趣。看到岩岸就開始搜索有無生蠔、淡菜或蛤蜊的存在；遇到碼頭就想拿起釣竿或蟹籠，試試替晚餐加菜。厲害一點的甚至能跳下海生抓鮑魚、龍蝦。

■ 第一個學會的就是釣魷魚。

# 2

# 公路旅行
# Road Trip

　　公路旅行是國外非常熱門的一種旅行
方式，駕著車開到哪、玩到哪、睡到哪，
旅途中沒有太多的物質享受，取而代之的
是與自然的親密接觸。

　　一趟旅行是由無數個不同小點所連成
的線，經由不同的旅行，將這些線構成一
面，進而完成一場偉大的冒險。

　　公路旅行時，情報就是一切。除了景
點之外，中途那些停留的點，可能是為了
休息，也可能是為了補給。

在不斷重複的景色與背景音樂中，思想
回歸簡單，唯一要思考的，就是如何活
在當下。

# 出發前的準備

## 網路收訊

澳洲近八成的人口都生活在離海 50 公里內的區域，公路旅行時常會到達一些杳無人煙之處，很多地方是沒有電信訊號的，更別說是 3G ／ 4G 網路了。因此，選擇一家適合你的電信公司非常重要。

澳洲主要的電信業者有三家：
1. Telstra 訊號涵蓋範圍最廣，但價位普遍較高。
2. Optus 排名第二，CP 值最高也最受背包客喜愛。
3. Vodafone 排名第三，訊號涵蓋範圍沒有前兩名廣，相對較少人使用。

其他也有些超商電信如 Woolworths 或 ALDI，租用以上幾家的基地台，偶爾會有不錯的促銷方案。該選擇哪家電信哪個方案，就請各位自行比較。超市常有特價，攜碼跳電信公司也不是難事，需要時再換，或每種都試過再做決定也無妨。

## 導航系統

你可以花錢買一台衛星導航裝置，知名的像是 TomTom 與 Garmin，或下載手機導航軟體，行駛中須注意不要因使用導航而分心。導航裝置與手機的導航軟體雖同樣使用 GPS 衛星訊號，但兩者有個不同的地方。導航裝置內的地圖資訊為機器內建，在沒有網路收訊的地方仍能正常使用。而手機的導航軟體，常設計為移動到哪才下載該區域的圖資，因此收訊不良時會導致地圖無法開啟，但不影響 GPS 導航功能。這方面可透過事先下載地圖來避免。以下整理推薦幾款常用的免費 App，可選擇一個自己用起來順手的。

### 免費導航 APP

| 導航軟體 | 地圖資訊來源 | 離線地圖 | 路線規劃 | 即時路況 | 測速提醒 |
|---|---|---|---|---|---|
| Google Maps | Google | 支援（有限制） | 尚可 | 有 | 無 |
| Waze | 社群用戶共同編輯 | 不支援 | 佳 | 有 | 有 |
| HERE WeGo | Nokia | 完整支援 | 佳 | 有 | 無 |
| MAPS.ME | OpenStreetMap | 完整支援 | 差 | 有 | 無 |

©Leon 表格製作

# 公路旅行技巧

澳洲是全球面積第六大的國家，足足有臺灣的 213 倍大，500 公里範圍內的地方，都叫做「隔壁」。

　　長途公路旅行時，路程遙遠以致於風景數小時連續不變是常有的事；不像在臺灣，便利商店隨處可見。除此之外，出發前就決定整趟行程中該在哪休息、在哪補給，是不太可能的，大多是走一步算一步。因此，如何隨機應變，怎麼得到想要的情報，是最重要的事了。

## 遊客中心 Information / Visitor Centre

　　一切準備就緒後，正式踏上旅程，在旅行中能幫助你最多的，就是這個有著「i」字樣的遊客中心 Information / Visitor Centre。在進入各大小城鎮前都能輕易找到明顯的標示。

　　遊客中心通常由當地的退休人士為旅客服務，不論是要找廁所，還是想知道周圍有趣的景點、好吃的餐廳，想了解這個城鎮的歷史，他們都會親切地一一為你解說。

　　除了在路過的城鎮偶遇外，也可直接在決定下一個休息點時，在 Google Map 上搜尋地名＋ Information / Visitor Centre 設定導航。大部分都位在城鎮入口或市中心。

TripAdvisor

為全球知名旅遊論壇平台，專門免費提供各地旅館、景點、餐廳等旅遊相關資訊。

上 遊客中心門口都會有個顯眼的「i」，非常容易找到。（Information Centre, Orbost VIC）

下 中心內也有許多有用的當地生活資訊，若是開著自己的露營車旅行，喜歡某個城鎮時，也可選擇留下來生活。由左至右依序為 Cinema 電影院、Op Shop 二手店、Employment 工作仲介、Golf & Bowls 高爾夫與保齡球、Internet 網路資源、Town Facilities 公用設施、Caravan Parks 車屋公園、Attractions and Prices 建議景點。（Visitor Centre, Albany WA）

## 超市 Supermarket

澳洲有兩大超市 Woolworths 與 Coles，若兩間都有可稱為大城市，
有任一間是小城市，只有 IGA 或是 FoodWorks 則是小鎮。這是一種簡單
判斷城鎮規模的方式。而第三大的超市 ALDI 並非全澳都有，像是北領地
與塔斯馬尼亞就沒有，比較不好做為通則。

IGA 像是臺灣的農會，可買到一些當地特色的農牧產品，例如：塔斯馬
尼亞特有的牛奶和冰，有工作需求也能嘗試在產品背後找到當地工作資訊。

Kmart 與 Big W 是生活百貨，除了生鮮外的商品種類非常齊全，也有
一些戶外用品。

除了詢問遊客中心外，也能在 Google Map 上直接搜尋地名＋
Supermarket 或是感興趣的某一超市名。

## 露營地 Campsite

露營車公路旅行非常自由，通常當日過午之後，才根據所在地找尋晚上的紮營點，因此行程安排比駕駛一般房車來得彈性許多。

在澳洲是不能隨意在車上過夜的，儘管開著露營車也一樣。根據各州的法律不同，被抓到可是會處罰每人 100 澳元左右的罰金。

因此，想在車上過夜就必須在合法的露營地才行，也不是所有的露營地都要收費，大致上可分為公共設施比較沒這麼齊全的露營地 Campground，與應有盡有的車屋公園 Caravan Park。

**除了詢問遊客中心外，也可使用以下方式：**

WikiCamps Australia
專門尋找露營地和公共設施的 App。iOS 系統使用要付 7.99 澳元的費用。Android 可免費試用兩週。

CamperMate
功能與 WikiCamps Australia 相似，但資料量比較沒那麼齊全。有中文版。若只是輕度旅行不妨試試。

## 廚房設備 Kitchen equipment

　　因為住在車上，衛浴設施又是能用就好，反而後來要求最多的是「廚房設備」。畢竟只要有烤箱就能弄隻烤雞，想要熱炒就必須要是「瓦斯爐」火力才夠大。住在怎樣的地方決定怎樣的晚餐，這樣說一點也不為過。總之，車上的設備愈好，就愈不需倚賴外在設施。

　　微波爐在澳洲幾乎是家家必備，比起買一台電鍋，用微波爐煮飯也很方便，專用的保鮮盒在超市就可買到，煮好沒吃完還可以直接冰起來。白米和水的比例為 1：1.2（不須加油），洗淨後先泡置 15 分鐘，微波 15 分鐘，然後翻一翻再悶 15 分鐘，就可以煮出大同電鍋等級的好吃米飯。不過，根據米種不同，米水比例也會不同，在此以澳洲最常見的 SunRice 中米為例。

左 方便的微波爐煮飯盒
右 iCook 愛料理：臺灣最大的免費食譜社群平台，想吃什麼家鄉菜，或看到不知怎麼料理的食材時，就打開它吧！

## 衛浴設施 Toilet & Shower

公路旅行時最擔心的，除了上廁所就是洗澡了。廁所還不算難找，但若是想睡免費露營地省錢，洗澡就會變成一個很大的問題，畢竟大部分的免費露營地，就只是塊什麼也沒有的空地。

所幸某些海邊附有免費淋浴間，只是大部份沒熱水，甚至是開放空間。要是想洗個免費的澡，勢必得付出一些代價。

此外，在某些加油站或車屋公園，也有付費洗澡的服務，每人2至5澳元不等。

詢問遊客中心，或在 toiletmap.gov.au 這個網站上，找到想要的資訊。也可使用 WikiCamps Australia 或 CamperMate App，能更輕易找到附近所有的免費衛浴。

## 燒烤臺 Barbecue

像圖片中這樣的公用烤臺，在澳洲每個公園及景點隨處可見，但與其說是烤臺，不如說是鐵板燒。

台下有個按鈕，持續按著幾秒等燈亮後，烤臺就會開始加熱，大部分是免費的。基於安全因素，每次加熱只有 15 至 20 分鐘（若非免費則每次 1 至 2 澳元不等），燈熄了代表已停止加熱，若還沒使用完再按一次就好。

鐵板中央的圓孔，是為了方便清潔，別忘了在每次使用完後，將其恢復到原來的樣子。要是懶得清理前一位使用者留下的爛攤子，也可直接鋪上一層鋁箔紙，只是加熱效果會差了些。

圖片來源：Funk

■ 燒烤臺。

如何找到　可詢問當地遊客中心，或直接到附近公園查看。若已購買了 WikiCamps Australia App，更輕易找到附近所有的免費烤臺。

## 餐廳 Restaurant

在一個陌生的城鎮，懶得自己煮東西吃時，也可嘗試當地特色美食，除了詢問遊客中心是否有推薦餐廳外，也可下載以下的免費 App。

## 停車位 Parking Space

若只是在郊區或非主要城市旅行，並不會有太多關於停車的問題，車位大多免費也無限制。公路旅行途經大城市時，因露營車體積較大，不易行駛也難停車，為避免路況不熟誤吃罰單，建議將車停至市郊，再利用大眾交通工具進入市中心。若執意要將車駛入，不妨使用一些尋找停車位的免費 App，如 Parkhound、Parkopedia，或 Cheap Parking。

Zomato

可根據所想要的食物類型及價位，搭配上距離，設定為搜尋條件，星星數愈多者評價愈高。

Parkhound

可方便查詢各大城市所有街道的車位狀況，包含時間限制、停車費用、卸貨區等資訊。

## 天氣 Weather

公路旅行時，每次移動動輒數百公里，天氣因此變化甚劇，如有重要行程時，事前查詢便可依天氣做最適切的安排。

## 觀星 Stargaze

每個公路旅行的夜晚總是與星空為伴，在出發前，可先下載一些觀星App，這樣即使到了郊外沒有網路，也能用它來認識星星。

在浩瀚無際的原野上，仰望著滿天星斗，找尋南半球特有的南十字星，傾聽千年前的星座故事，是多麼浪漫的一件事。

觀星 App 有不少是免費的，其中像是 Star Walk 2、Star Chart 等，都有內建中文，如果覺得它們好用，可選擇付費升級至進階版本。

**Weatherzone**

澳洲最大的私人免費氣象服務，除了準確度可以達到以「小時」為單位外，還能觀看即時衛星雲圖，避免重要的行程因天候不佳而泡湯。

**Star Walk 2**

有分付費版與免費版（Ads＋），免費版除了有不少廣告之外，使用功能上也略有限制。

# 公路上的資源補給

## 汽油 Petrol

澳洲的加油站基本上都是自助式，確認好油種後（Unleaded 無鉛汽油，Diesel 柴油），直接拿起油槍就能加了，之後至站內櫃檯報上油槍編號付款即可。

BP 為澳洲最大的加油站，出產全澳近七成的油，品質也最好。其次是大部分都有和 Coles 超市合作的 Shell，只要在 Coles 內消費單筆超過 30 澳元，即可拿到一張每公升折抵 4 分的折價券。也有一部分的 Caltex 和另一家超市 Woolworths 合作，折價方式一樣，但比較少見。

圖片來源：IanSuat9

■ 結帳時只要讓店員掃描下面的條碼就能打折，但請注意使用期限。左為 Caltex Woolworths，右為 Shell 加油站折價券。

每間加油站每日的油價都不一樣，儘管是同個牌子，可能拐過一條街就會差個幾分錢，也不一定哪一間會比較便宜，但基本上內陸地區一定比較貴，主要還是根據城市繁榮度。

在公路旅行時可配合使用查油價的 App，在耗完一桶油之前，找個路線上最便宜的加油站加滿，可以多少節省一些油費。

### Fuel Map Australia

為一款由社群用戶共同編輯的查詢油價免費 App，開放使用者互相分享資訊。上面的油價有時並不是這麼的即時，部分偏僻油站上的資訊甚至可能是數個月前的。

關於備用油桶：

不論再怎麼偏遠的公路都有加油站，只是可能每兩、三百公里才找得到一間，營業時間只到下午五、六點，若沒準備油桶就得每次看到加油站就加滿。

有些人習慣趁油價便宜時，多買一點來節省油錢，但備用油桶除了占空間外也有安全疑慮，是否需要，見仁見智。

## 胎壓 Air

無論是出發前還是在旅行中，都要定期檢查車輪的胎壓是否正常。胎壓過低除了會比較耗油外，也可能會傷及鋁圈，減少輪胎的壽命。胎壓過高在雨天或濕地時容易造成打滑，最好遵守每台車，官方建議的胎壓範圍。

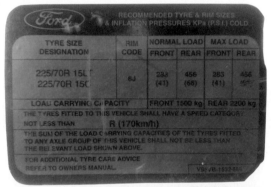

圖片來源：Funk

加油站都有免費的加水打氣站，可以檢查胎壓及補滿水箱。只要輸入好胎壓，插上打氣孔，輪胎便會開始充氣，直到聽到很大的嗶嗶聲就表示完成了。胎壓一般預設在 32 Psi，依各式車型而不同。

圖片來源：Funk

上 可在自己車上找到像是這樣的牌子，上有官方建議胎壓；以我的車為例，正常狀態：前輪 41 Psi，後輪 66 Psi。

下 免費的加水打氣站。

## 水 Water

除了在上述的加水打氣站可補充水外，車屋公園也有這樣的裝置，雖然是免費設施，也請珍惜水資源，避免無謂的浪費。

關於洗車，各州有不同的限水規定（Water Restriction），基於環保角度不能在自家自行用水管清洗，被看到是會遭到投訴的，必需到外面的洗車廠或自助洗車。

加油站都有簡易的清潔設備，每次加油時不妨清理一下擋風玻璃與車窗。

## 電力 Power

根據每台露營車的電力系統，有各種不同的充電方式，最常見的為引擎回充，只要車子發動行駛在道路上就可以充電。

其次為太陽能，將太陽能面板固定至車頂，或活動式架設，缺點是效率差。

柴油發電機有噪音，且需額外的空間與重量，因此不太常用。

最簡單的充電方式，就是去車屋公園租一個供電營地 Powered Site，依各車電池容量標準不一，每充一次電約可使用 5 至 10 天不等。

圖片來源：Funk

圖片來源：Dean Meng-han

上 加水前先注意水龍頭上是否有螺紋可嵌入，以便直接將水補充至露營車。
下 加油站的水壺與水耙。

## 瓦斯 Gas

一般比較泛用的情況，使用卡式爐做為火力來源，瓦斯罐 Gas Cartridge 為一次性使用耗材，內容物為丁烷，在超市或露營用品店都可以買到。優點是填充容易，且方便攜帶，不用非得在車上烹飪。

若你的露營車廚房內建瓦斯爐（租的露營車大多為內建），使用的是外接瓦斯桶 Gas Bottle，用完時必須到某些車屋公園、加油站、家用五金行、或是露營用品店填充、替換。

LPG 為液態瓦斯，在服務站補充時有兩種選擇：

一是 Swap（交換），以自帶的空桶換滿桶，簡單迅速。

一是 Refill（填滿），將自己的空桶裝滿，雖然可保留自己的空桶，但價格較昂貴。

**Gas Finder**

為一款由社群用戶共同編輯的免費瓦斯價格查詢 App，可以透過它找到附近最便宜的瓦斯補充站，或參考 gasbottlerefills. com 這個網站。

圖片來源：Jessica Chen

LPG 液態瓦斯服務站。

# 如何計畫一趟旅行

先決定好目的地與預計天數。當然，若是自己擁有一台露營車的話，天數就不是多大的問題了。

## 路線安排

利用 Google Map 將路途中有興趣及必要的點標上，可大致估算出總里程數節省旅費，別忘了將避開收費路段 Avoid Tolls 的選項打勾。

預計天數可按平均每 100 公里約耗費一小時的開車時間，估算出每天花多久時間駕駛，某些知名景點可能會停靠數日，再另外加上。若無其他司機可以輪替，請儘量避免疲勞駕駛或夜間開車。

## 計算旅費

### ✤ 油費

建議每次加油間紀錄車子的里程數，可約略算出平均耗油量，露營車本身噸位重，比普通小客車耗油是很正常的。舉例來說我的露營車每 100 公里約耗油 11 至 13 升，一般車大致落在 8 至 10 升左右。估算出總里程後，配合之前提到的油價 App，查看當地平均油價，便可推導出整趟旅程所需要的油資。

### ✤ 伙食費

不同的旅行方式影響飲食的品質甚鉅，露營車上有個決定性的武器，就是冰箱。在各個不同的露營地間流浪，仍然可以吃的和住家裡時一樣，

誰說公路旅行就只能吃吐司或罐頭配泡麵呢？因此除了當地的特產外，基本上算法和非旅行時一樣，平常怎麼吃就怎麼算吧！

## ❋ 住宿費

車屋公園每晚的費用平均約 30 至 40 澳元（供電營地），底價包含兩個人，每增加一人約多 10 至 15 澳元左右；也就是兩人一同旅行，每人一晚約 15 至 20 澳元左右。三人則是 10 至 15 澳元，人愈多愈划算，然而，旅遊旺季時費用會倍數成長。若是想更省錢，也可每 3 至 4 天睡一次免費露營地。這樣一來直接乘以預計旅行的總天數，便可推導出整趟旅程所需的住宿費用。

## ❋ 門票

動物園、生態區、博物館、劇院、遊樂園……等，有些地方門票可以持當地學生證或 YHA 卡享折扣優惠。在買票之前都可以拿出來問問，也能試著在當地旅行社詢問有無優惠票。

## ❋ 船票

每個州都有幾個特殊的島嶼能搭船上去遊玩，有些甚至連車都能一起跟著渡輪上島，但務必事先預定好船票。

## ❋ 當地旅行團

滑雪、滑沙、跳傘、賞鯨、熱氣球、泛舟、潛水、直升機……等各類行程請找當地旅行社報名，從 200 至 500 澳元都有，這部分純粹依個人喜好做選擇。

## 找旅伴

　　當旅行計畫安排的差不多後，就只差幾個一起冒險的夥伴了。除了分擔旅費、輪流開車、分工合作，無聊的時候還能聊天打屁，遇到困難的時候互相幫忙，共同創造出一段美好的回憶。

　　決定一同旅行前，務必確認好，想去的地方是否一致，分工方式、油資分配（非車主負擔較多）、飲食習慣、興趣是否相投，以免在途中發生不愉快的事。

　　由於買車容易養車難，露營車更是如此，除了必須定期保養，居住的部分也得花很多心思，就像買房一樣需要維護。更別提林林總總的保險與稅金等費用。做為乘客參與時，應互相體諒，車資不是只要平分油資就夠了。

# ∃ 瘋狂澳洲
## 神奇的澳大利亞

　　澳洲 Australia，土地面積 768 萬平方公里，世界第六大國，唯一國土覆蓋整個大陸的國家，面積足足有臺灣的 213 倍大，人口卻和臺灣差不多，是個羊比人多的國家。

擁有全球最大的生物體－大堡礁，與最大的巨石－烏魯魯，還有比任何地方都多的毒物－毒蛇、蜘蛛、水母、章魚，和最瘋狂的澳洲人－你看過有人會在遭洪災的街上衝浪取樂的嗎？歡迎來到澳大利亞！

# 大傢伙系列 The big things

知名旅遊作家比爾‧布萊森 Bill Bryson，在《澳洲烤焦了 In a Sunburned Country》一書中曾提到：「澳洲人有個特色，就是喜歡做大。給他們一捆鐵絲、一些玻璃纖維、兩桶顏料，他們就會造出一個巨大的鳳梨或草莓，或者像現在這個大龍蝦一樣。然後他們會在裡面開一家咖啡館和禮品店，在公路旁豎立一個大招牌，然後坐下來等著錢滾滾而來」。

　　「大傢伙」這樣的建築在澳洲全境共有 150 多個，始作俑者是一位姓藍迪 Landy 的美國人，他在新南威爾斯海岸的科夫港 Coffs Harbour，打造了一根大香蕉，吸引不少路過的車輛，也使他成為這一行中的佼佼者。

　　美國廣播公司為此製作了一部紀錄片，澳洲郵政甚至替它們發行了郵票，持續蔓延這份狂熱。

　　這些「大傢伙」多半座落於各景點之間的主要道路上，非常引人注目，有時也被當做一趟旅行的理由，只因它們很適合做為照片的背景。其中有許多被認為是民間藝術的作品，並列入遺產名錄，但也有一些受到拆遷的威脅。這些非官方建築的巨型物體，沒有人完全知道它們確切的位置，準備冒險的你，能找到多少個呢？

上 南澳金斯頓 Kingston SE, SA 的大龍蝦，當然這裡的龍蝦也是一絕。
下 新南威爾斯科夫港 Coffs Harbour, NSW 的大香蕉，其實是個遊樂園。

# 皇家秀 Royal Show

皇家秀的起源可追溯至 1839 年的英國殖民時期，各領地為了展示年度成果，舉辦了農牧產品巡迴展覽。英國皇室也可藉由這個活動，了解全國各地的收成狀況。展覽類型從最初的農牧產品展，演變至今，成為適合全家大小共同參與的園遊會甚至大型遊樂園。

皇家秀的遊樂設施琳瑯滿目，雲霄飛車、大怒神、摩天輪、旋轉咖啡杯、鬼屋…等，猶如移動的馬戲團般，在澳洲各城鎮間巡迴演出。根據城鎮規模不同，分別停留 1 至 10 多日不等。有些背包客會在其中找份工作，跟著它們一起到處旅行，成為畢生難忘的經歷。

## 熱鬧繽紛的農業展

| 州別 | 地點 | 日期 / 展期 | 官方網站 |
|---|---|---|---|
| 首都領地 | 坎培拉 Canberra | 2 月底 / 約 3 天 | www.canberrashow.org.au |
| 新南威爾斯 | 雪梨 Sydney | 3 月底 / 約 12 天 | www.eastershow.com.au |
| | 巴瑟斯特 Bathurst | 4 月中 / 約 3 天 | www.bathurstshow.com.au |
| | 新南威爾斯農業展一覽 | | www.agshowsnsw.org.au > Shows |
| 維多利亞 | 墨爾本 Melbourne | 9 月底 / 約 11 天 | royalshow.com.au |
| | 吉朗 Geelong | 10 月中 / 約 4 天 | royalgeelongshow.org.au |
| | 維多利亞農業展一覽 | | www.vicagshows.com.au > Shows |
| 昆士蘭 | 布里斯本 Brisbane | 8 月中 / 約 10 天 | www.ekka.com.au |
| | 圖文巴 Toowoomba | 4 月中 / 約 3 天 | www.toowoombashow.com.au |
| | 凱恩斯 Cairns | 7 月中 / 約 3 天 | cairnsshow.com.au |
| | 昆士蘭農業展一覽 | | www.queenslandshows.com.au > Shows > Contact Shows |

| 州別 | 地點 | 日期 / 展期 | 官方網站 |
|---|---|---|---|
| 西澳 | 伯斯 Perth | 9 月底，約 8 天 | www.perthroyalshow.com.au |
| | 西澳農業展一覽 | | www.raswa.org.au > Community > Agricultural Societies |
| 南澳 | 阿得雷德 Adelaide | 9 月初，約 10 天 | www.theshow.com.au |
| | 南澳農業展一覽 | | www.sacountryshows.com > SA Country Shows |
| 塔斯馬尼亞 | 荷巴特 Hobart | 10 月底，約 4 天 | hobartshowground.com.au |
| | 朗賽斯頓 Launceston | 10 月中，約 3 天 | www.launcestonshowground.com.au |
| | 塔斯馬尼亞農業展一覽 | | tasmanianagshows.com.au > Show Dates |
| 北領地 | 達爾文 Darwin | 7 月底，約 3 天 | www.darwinshow.com.au |
| | 愛麗絲泉 Alice Springs | 7 月初，約 2 天 | www.alice-springs.com.au |
| | 北領地農業展一覽 | | www.sacountryshows.com > Other Shows & Field Days > Northern Territory Shows |

©Leon 表格製作

表格僅節錄較知名的農業展，為方便檢視亦只列出主要月份，多數活動長達數日甚至跨月，詳情請參考官網：agshowsaustralia.org.au，以取得最新活動訊息。資料每年時有異動，請以最新公告為主。

其中只有較具規模的，才會被冠以「皇家秀 Royal Show」之名，其他皆稱作「農業展 Agricultural Shows」，天數也較短。

農業展在全澳各州的城鎮共超過 580 處展出，幾乎是隨處可見。安排公路旅行時，不妨留意一下，也許路上經過的城鎮，正有場展覽等著你一同共襄盛舉。

圖片來源：David Clare - First Light Photography

# 宮崎駿動畫的發源地

就如同電影小說《魔戒》問世後，所出現的「哈比人故鄉」一般，在澳洲也流傳著所謂的「宮崎駿傳說」。

　　《龍貓》這部動畫陪伴過無數人的童年，宮崎駿這個名字在臺灣人耳中絕不陌生，澳洲也流傳著所謂的「宮崎駿傳說」。例如：《魔女宅急便》中琪琪的麵包屋、《紅豬》的祕密基地、《神隱少女》的長堤、被遺忘的《天空之城》，與渺無人煙的《風之谷》。

　　雖然這些地方並未經官方證實，不過相似度都頗高，成了背包客們追尋夢想童話的所在，喜愛宮崎駿動畫的你怎能錯過？

## 經典動畫場景在哪裡？

| 宮崎駿場景 | 州別 | 區域 | 地點 |
| --- | --- | --- | --- |
| 《紅豬》的祕密基地 | 維多利亞 | 坎貝爾港國家公園 Port Campbell National Park | 洛克阿德峽谷 Loch Ard Gorge |
| 《天空之城》 | 昆士蘭 | 米納溪 Mena Creek | 帕羅尼拉公園 Paronella Park |
| 《神隱少女》的長堤 | 西澳 | 巴瑟爾頓 Busselton | 巴瑟爾頓棧橋 Busselton Jetty |
| 《魔女宅急便》琪琪的麵包屋 | 塔斯馬尼亞 | 羅斯 Ross | 羅斯鄉村麵包坊 Ross Village Bakery |
| 《風之谷》 | 北領地 | 烏魯魯－卡塔丘塔國家公園 Uluru-Kata Tjuta National Park | 風之谷 Valley of the Winds |

©Leon 表格製作

上 維多利亞大洋路上的洛克阿德峽谷 Loch Ard Gorge, VIC 傳聞為宮崎駿動畫中，紅豬的祕密基地。
一個世紀之前，這裡曾發生過一件驚心動魄的沈船事故。

下 昆士蘭的帕羅尼拉公園 Paronella Park, QLD 傳聞為宮崎駿動畫中，天空之城的場景。背後埋藏著
一位西班牙青年，為了夢想窮極一生的感人故事。

# 西澳紀念幣

僅西澳才有的系統，目前共有 91 枚獨特的紀念幣，遍布於西澳 67 個旅遊景點，且逐年增加，有專門的紀念冊以供收集。

　　每一枚紀念幣都反映當地景點特色，每當瀏覽紀念冊時，都會想起當初買硬幣的地方，回憶起曾經的冒險。（詳細內容與地點可參閱 www.auscoinswest.com.au）

左 曾被票選為全澳最美的海灘一幸運灣 Lucky Bay，位在西澳埃斯佩蘭斯 Esperance, WA，在沙灘上曬日光浴的袋鼠為其代表性的景色。

右 曾在網路上被瘋傳為「全世界最愛笑的動物」，短尾矮袋鼠。據說是皮卡丘的原型。主要棲息於西澳的洛特尼斯島 Rottnest Island, WA。

# 天體海灘 Nude Beach

澳洲全境共擁有超過一萬個海灘,其中極少數是所謂的「天體海灘」。

　　參與天體海灘的人,要有足夠的勇氣在公眾面前暴露自己。如果到了澳洲卻沒有體驗過一次,絕對會備感遺憾。

　　進入海灘後,絕對不能對著他人攝影,澳洲人非常重視隱私,這是非常沒有禮貌的一件事。

## 挑戰勇氣的天體海灘

| 州別 | 區域 | 地點 |
|---|---|---|
| 新南威爾斯 | 屈臣氏灣 Watsons Bay | 淑女灣海灘 Lady Bay Beach |
| 維多利亞 | 伊麗莎山 Mount Eliza | 北向陽海灘 Sunnyside North Beach |
| 昆士蘭 | 努沙 Noosa | 亞歷山大灣 Alexandria Bay |
| | 牛仔灣 Cow Bay | 牛仔灣海灘 Cow Bay Beach |
| 西澳 | 斯旺伯恩 Swanbourne | 北斯旺伯恩海灘 North Swanbourne Beach |
| 南澳 | 昂克巴林加 Onkaparinga | 馬斯林海灘 Maslin Beach |

以上節錄各州較知名的天體海灘。　　©Leon 表格製作

# 極限運動

澳洲人除了熱愛運動外,也熱愛冒險,幾乎各種類型的極限運動都能在這找到。

儘管看起來具有高危險性,但澳洲政府對於這些活動的經營公司或組織,均有著相當嚴謹的要求,只要嚴格遵守安全規定,就可以放心參與。

若是不透過參加行程,自己進行活動,例如滑雪、衝浪、潛水⋯⋯。除了本身應具備相當的經驗外,防護措施也要再三確認。畢竟,美好的旅行回憶必須建立在安全的基礎上。

## 滑雪

澳洲的雪季為6至9月,當臺灣進入酷夏時,澳洲卻是開始下雪的季節,許多人因此遠渡重洋到此避暑。

澳洲得天獨厚的環境與氣候,造就了雪山天然積雪覆蓋面積廣大,主要的滑雪度假村 Ski Resort 年均降雪足達3公尺,再搭配人工造雪系統,穩定地提供了整個雪季都能滑雪的條件。

■ 許多人會趁在澳洲打工度假的兩年內找一份雪場工作,這樣就可以盡情滑雪了。

## 全澳各地知名滑雪勝地

| 州別 | 滑雪度假村 | 纜車 | 官方網站 | 備註 |
|------|-----------|------|---------|------|
| 新南威爾斯 | 瑞雪 Perisher | 47 條 | www.perisher.com.au | 南半球最大滑雪度假村，其中包含瑞雪村 Perisher Valley、藍牛 Blue Cow、史密根洞 Smiggin Holes， 與賈西亞 Guthega。四座滑雪場互相連通。 |
|  | 斯雷德博 Thredbo | 14 條 | www.thredbo.com.au | 榮獲「2017 年最佳澳洲滑雪度假村」美稱。 |
|  | 賽爾溫滑雪度假村 Selwyn Snow Resort | 10 條 | www.selwynsnow.com.au |  |
|  | 夏洛特山口滑雪度假村 Charlotte Pass Snow Resort | 5 條 | www.charlottepass.com.au | 澳洲海拔最高滑雪度假村。 |
| 維多利亞 | 布勒山 Mount Buller | 22 條 | www.mtbuller.com.au | 維多利亞最受歡迎的滑雪度假村。 |
|  | 霍瑟姆山 Mount Hotham | 13 條 | www.mthotham.com.au | 澳洲海拔第二高滑雪度假村。 |
|  | 佛斯溪 Falls Creek | 14 條 | www.fallscreek.com.au |  |
|  | 抱抱山 Mount Baw Baw | 6 條 | mountbawbaw.com.au | 離墨爾本最近的滑雪度假村，約兩個半小時車程。 |
|  | 水牛山 Mount Buffalo | 5 條 | www.visitmountbuffalo.com.au |  |
| 塔斯馬尼亞 | 本洛蒙德滑雪場 Ben Lomond Snow Sports | 7 條 | www.skibenlomond.com.au |  |
|  | 莫森山 Mount Mawson | 3 條 | mtmawson.info |  |

©Leon 表格製作

　　以上節錄較知名的滑雪度假村，可在當地進行各項雪季活動。其他州雖無滑雪度假村，但也有少數會降雪的區域，像是昆士蘭的斯坦索普 Stanthorpe，西澳的崖丘 Bluff Knoll 與南澳的燈塔山 Mount Lofty。

## 衝浪 Surfing

　　澳洲適合衝浪的海灘可說遍地皆是，無論是潔白如雪的細沙攤，抑或伴隨著驚濤巨浪的海岸，有些更是國際衝浪比賽的發源地。但許多地方是沒有救生員的，請盡量避免獨自進行衝浪運動。

　　若是衝浪新手，可在 www.learntosurf.com 找到離你最近的衝浪學校，老手也能在 www.surfingaustralia.com 關注衝浪相關活動訊息。

**MSW Surf Forecast**
衝浪專用的天氣預報，可預測目前浪況，包括大小、間距與方向，是衝浪愛好者必備的免費 App。

## 潛水

　　澳洲四面皆被壯麗的海洋所包圍，除了美麗的珊瑚礁外，還有許多歷史遺留下的沈船遺跡。

　　為了保護海洋物種與棲息地，澳洲政府在全國各地建立了 60 座海底國家公園，提供人們觀看野生海洋生物、潛水 Diving、划船、浮潛 Snorkeling 和釣魚的場所，詳請可至 parksaustralia.gov.au> Marine Parks，查看進一步資訊。進行潛水活動時，務必做好安全管理，避免獨自潛水。

**PADI**
潛水專用的複合式 App，可搜尋最近的潛水地點，並查看當地氣溫、風速、碎浪、潮汐等天氣資訊，潛水愛好者必備。

圖片來源：Eric 小克

圖片來源：Lady Elliot Island Eco Resort

**左** 我其中一任旅伴就是衝浪教練。
**右** 除了珊瑚礁外，海底的沈船遺跡也是潛水愛好者的熱門地點。

## 熱門衝浪點

| 州別 | 地點 |
|---|---|
| 新南威爾斯 | 邦代海灘 Bondi Beach |
| | 北部海灘 Northern Beaches |
| | 雷諾克斯角 Lennox Head |
| | 拜倫灣 Byron Bay |
| | 卡巴雷塔海灘 Cabarita Beach |
| | 布雷海灘 Broulee Beach |
| | 潘布拉河口 Pambula Rivermouth |
| 維多利亞 | 摩寧頓半島 Mornington Peninsula |
| | 貝爾海灘 Bells Beach |
| 昆士蘭 | 黃金海岸 Gold Coast |
| | 鯛魚岩 Snapper Rocks |
| | 努沙岬 Noosa Heads |
| | 彩虹海灘 Rainbow Beach |
| 西澳 | 洛特尼斯島 Rottnest Island |
| | 瑪格麗特河 Margaret River |
| | 埃斯佩蘭斯 Esperance |
| 南澳 | 格萊內爾格海灘 Glenelg Beach |
| | 仙人掌海灘 Cactus Beach |
| 塔斯馬尼亞 | 南岬灣 South Cape Bay |

以上節錄較知名的衝浪地點。 ©Leon 表格製作

## 熱門潛水點

| 州別 | 地點 |
|---|---|
| 新南威爾斯 | 史蒂芬港 Port Stephens |
| | 海豹岩 Seal Rocks |
| | 西南岩 South West Rocks |
| | 科夫港 Coffs Harbour |
| | 拜倫灣 Byron Bay |
| | 杰維斯灣 Jervis Bay |
| | 貝特曼灣 Batemans Bay |
| | 豪勳爵島 Lord Howe Island |
| 維多利亞 | 摩寧頓半島 Mornington Peninsula |
| | 沈船海岸 Shipwreck Coast |
| 昆士蘭 | 陽光海岸 Sunshine Coast |
| | 大堡礁 Great Barrier Reef |
| 西澳 | 洛特尼斯島 Rottnest Island |
| | 寧格魯岸礁 Ningaloo Reef |
| | 奧班尼 Albany |
| 南澳 | 諾阿倫加港 Port Noarlunga |
| | 諾瑪沈船 Norma Wreck |
| | 斯塔瓦克廢棄物棄置場 Stanvac Dump |
| | 貝爾德灣 Baird Bay |
| 塔斯馬尼亞 | 東海岸潛水路徑 East Coast Dive Trail |
| 北領地 | 達爾文港 Darwin Harbour |

以上節錄較知名的潛水地點。 ©Leon 表格製作

## 高空跳傘 Skydiving

高空跳傘為澳洲最熱門的極限運動之一，價位根據景點熱門度、跳傘高度等條件而有所不同，建議直接聯絡當地旅行社了解詳情。

可選擇從最低 8000 至最高 15000 英呎落下，除了滯空時間的差異外，若高度夠還有機會體驗穿越雲層的快感（15000 英呎的自由落體時間約一分鐘）。

跳傘的地點取決於希望在空中看到的景色，內陸地區以烏魯魯 Uluru 為最。海景則是艾爾利沙灘 Airlie Beach，可同時欣賞到聖靈群島 Whitsunday Islands 與大堡礁 Great Barrier Reef 的無限風光。

活動進行與否會依當天天氣狀況而定，建議安排行程時務必留有緩衝時間以及備案選擇。另外，在高空跳傘前 24 小時內，切勿進行任何潛水運動，預防潛水夫病及其他不適症狀。

## 飛行體驗

相信許多人心中都有個飛行夢，在澳洲你可以輕易實現。

這裡有著全世界最好的天氣與地理環境供飛行訓練，各州皆有許多大大小小的飛行學校、直升機學校，大多有提供飛行體驗課程 Trial Introductory Flight。

其中最知名的，莫過於位在南澳阿得雷德 Adelaide 近郊的佩拉菲爾德機場 Parafield Airport，這裡也是 TVB 電視劇《衝上雲霄》澳洲外景主要拍攝地之一 。若有興趣可參閱 www.bestaviation.net ＞ Australia，查詢最近的飛行學校及比較課程費用。

圖片來源：Virgin Australia

■ 不少人會將高空跳傘視為在澳洲必做的行程之一。

## 澳洲高空跳傘場所一覽表

| 州別 | 地點 | 州別 | 地點 |
|---|---|---|---|
| 首都領地 | 坎培拉 Canberra | 維多利亞 | 墨爾本 Melbourne |
| 新南威爾斯 | 皮克頓 Picton | | 亞拉河谷 Yarra Valley |
| | 獵人谷 Hunter Valley | | 大洋路 Great Ocean Road |
| | 拜倫灣 Byron Bay | 西澳 | 伯斯 Perth City |
| | 臥龍崗 Wollongong | | 洛特尼斯島 Rottnest Island |
| 昆士蘭 | 布里斯本 Brisbane | | 約克 York |
| | 黃金海岸 Gold Coast | | 羅津翰 Rockingham |
| | 努沙 Noosa | | 布魯姆 Broome |
| | 弗雷澤島 Fraser Island | | 朱里恩灣 Jurien Bay |
| | 艾爾利沙灘 Airlie Beach | 南澳 | 阿得雷德 Adelaide |
| | 任務海灘 Misson Beach | | 麥克拉倫谷 McLaren Vale |
| | 凱恩斯 Cairns | | 蘭漢溪 Langhorne Creek |
| 塔斯馬尼亞 | 溫耶德 Wynyard | 北領地 | 烏魯魯 Uluru |

以上節錄較知名的高空跳傘地點。　©Leon 表格製作

# 自然澳洲
## 天然奇景與野生動物

　　澳洲擁有超過 500 座國家公園，涵蓋面積佔全國 4%，從高山、森林、沙漠至海洋，各種多元的地貌都有國家公園存在，是各種野生動植物的天堂，也是自然系旅人的樂園。

# 國家公園與世界遺產
## National Parks & World Heritage

大部分的國家公園都不需入場費,只要求旅客們遵守安全規定與維護自然環境。

　　不少國家公園都有提供露營地或釣魚場所,至於詳細規定與收費方式請以官方網站公告為主。其中,有幾座國家公園被納入由「聯合國教科文組織」,所制定的世界遺產名錄中,意味其具有傑出的普世價值。

### 國家公園官方網站

| 州別 | 網址 |
|---|---|
| 首都領地 | www.environment.act.gov.au > Parks and Conservation > Parks and Reserves |
| 新南威爾斯 | www.nationalparks.nsw.gov.au |
| 維多利亞 | parkweb.vic.gov.au |
| 昆士蘭 | www.npsr.qld.gov.au |
| 西澳 | parks.dpaw.wa.gov.au |
| 南澳 | www.environment.sa.gov.au/parks |
| 塔斯馬尼亞 | www.parks.tas.gov.au |
| 北領地 | nt.gov.au > Arts, sport and leisure > Parks and Reserves |

©Leon 表格製作

因日劇《在世界中心呼喊愛》而聲名大噪的的烏魯魯 Uluru, NT,是世界最大的單體岩石,也是當地原住民傳說的古老聖地。

## 全澳世界遺產一覽表

| 州別 | 世界遺產 | 類別 |
|---|---|---|
| 遍佈全澳（共 11 處） | 澳洲監獄遺址 Australian Convict Sites | 文化遺產 |
| 新南威爾斯 | 雪梨歌劇院 Sydney Opera House | |
| 維多利亞 | 皇家展覽館與卡爾頓花園<br>Royal Exhibition Building and Carlton Gardens | |
| 新南威爾斯 | 豪勳爵島 Lord Howe Island | 自然遺產 |
| | 大藍山山脈地區 Greater Blue Mountains Area | |
| 昆士蘭 | 大堡礁 Great Barrier Reef | |
| | 弗雷澤島 Fraser Island | |
| | 昆士蘭濕熱帶地區 Wet Tropics of Queensland | |
| 新南威爾斯、昆士蘭 | 岡瓦納雨林 Gondwana Rainforests | |
| 昆士蘭、南澳 | 澳洲哺乳動物化石遺址 Australian Fossil Mammal Sites | |
| 西澳 | 赫德島和麥克唐納群島 Heard and McDonald Islands | |
| | 波奴魯魯國家公園 Purnululu National Park | |
| | 寧格魯海岸 Ningaloo Coast | |
| | 鯊魚灣 Shark Bay | |
| 塔斯馬尼亞 | 麥夸里島 Macquarie Island | |
| 新南威爾斯 | 威蘭德拉湖區 Willandra Lakes Region | 複合遺產 |
| 塔斯馬尼亞 | 塔斯馬尼亞荒原 Tasmanian Wilderness | |
| 北領地 | 卡卡杜國家公園 Kakadu National Park | |
| | 烏魯魯－卡達族塔國家公園<br>Uluru-Kata Tjuta National Park | |

以上為澳洲所有的世界遺產分布。 ©Leon 表格製作

# 神祕湖泊 Mysterious Lakes

澳洲有各種令人歎為觀止的神祕湖泊。湖天一色的天空之鏡、少女心噴發的粉紅湖、藍寶石般瑰麗的藍湖等。

　　要形成天空之鏡必須具備以下幾項條件：

1. 湖水鹽分濃度高，水中生物難以生存，因此水質純淨，水面反射率高。
2. 水淺，且地表平坦，加上鹽水表面張力大，較難產生波紋。
3. 因湖底為白色鹽晶體，無法形成倒影的位置也與倒影部分亮度差異小。
4. 範圍大，容易從遠處營造出宏大的意境。

　　若想前往天空之鏡拍出美麗的照片，最好的時機是在 7 至 10 月的雨季，前幾天有下過雨，且當天天氣良好，否則很容易千里迢迢只見到一片乾枯的鹽田。

　　粉紅湖的粉色是來自於一種特別的藻類－鹽生杜氏藻。這種嗜鹽藻類在湖中鹽度增高時，會大量繁殖產生 β-胡蘿蔔素，將湖水染成獨特的粉紅。但這些粉紅湖可不是一年四季都呈現粉色，得在某些特定因素下才會轉紅，多半與天氣有關。一般在 11 至 6 月乾季，天氣炎熱、較少降雨時，導致鹽度增高才會產生，建議安排觀賞計畫前，多留意天候狀態。

圖片來源：Australia's Coral Coast

上　維多利亞最知名的天空之鏡－泰瑞爾湖 Lake Tyrrell, VIC。計畫前往可先查詢海湖 Sea Lake 近日的雨況，確保有足夠的水量。當然英文夠好膽子也大的話，可直接打電話詢問當地店家。

下　西澳格雷戈里港 Port Gregory, WA 的粉紅湖。

## 特殊湖泊在哪裡？

| 神祕湖泊 | 建議觀賞季節 | 州別 | 區域 | 地點 |
|---|---|---|---|---|
| 天空之鏡 Skymirror | 雨季（7至10月） | 維多利亞 | 海湖 Sea Lake | 泰瑞爾湖 Lake Tyrrell |
| | | 南澳 | 皮姆巴 Pimba | 雄鹿湖 Lake Hart |
| | | | 蓋爾德納湖國家公園 Lake Gairdner National Park | 蓋爾德納湖 Lake Gairdner |
| | 冬季（5至9月） | | 艾爾湖國家公園 Lake Eyre National Park | 艾爾湖 Lake Eyre |
| 粉紅湖 Pink Lake | 乾季（11至6月） | 維多利亞 | 西門公園 Westgate Park | 鹽水湖 Salt Water Lake |
| | | | 丁布拉 Dimboola | 粉紅湖 Loch Lel |
| | | | 墨瑞一日落國家公園 Murray-Sunset National Park | 粉紅鹽湖 Pink Salt Lakes |
| | | 西澳 | 格雷戈里 Gregory | 赫特潟湖 Hutt Lagoon |
| | | | 埃斯佩蘭斯 Esperance | 斯賓塞湖 Spencer Lake |
| | | | 中央島 Middle Island | 希利爾湖 Lake Hillier |
| | | 南澳 | 棒棒嘎 Bumbunga | 棒棒嘎湖 Bumbunga Lake |
| | | | 庫榮國家公園 Coorong National Park | 阿爾伯特湖 Lake Albert |
| | | | 皮農 Penong | 麥克唐奈爾湖 Lake Macdonnell |
| | 冬季（5至9月） | | 艾爾湖國家公園 Lake Eyre National Park | 艾爾湖 Lake Eyre |
| 藍湖 Blue Lake | 夏季（12至3月） | 南澳 | 甘比爾山 Mount Gambier | 藍湖 Blue Lake |
| | 除了冬季（10至5月） | 新南威爾斯 | 科修斯科國家公園 Kosciuszko National Park | 藍湖 Blue Lake |
| | | | 藍山國家公園 Blue Mountains National Park | 珍羅蘭藍湖 Blue Lake Jenolan |
| | 一年四季 | 昆士蘭 | 北斯德布魯克島 North Stradbroke Island | 藍湖 Blue Lake |
| | | 塔斯馬尼亞 | 南卡梅隆山 South Mount Cameron | 小藍湖 Little Blue Lake |
| 血紅湖 Tea Tree Lake | 一年四季 | 新南威爾斯 | 雷諾克斯角 Lennox Head | 安斯沃思湖 Lake Ainsworth |
| 綠湖 Green Lake | 雨季（7至10月） | 西澳 | 康迪寧 Kondinin | 康迪寧湖 Kondinin Lake |

以上節錄各洲較知名的特殊湖泊，因成因複雜，只列出較易觀賞之季節，計畫前往時仍須留意天氣狀態。　©Leon 表格製作

# 溫泉 Hot Springs

　　寒冷的冬天，沒有什麼事比泡個溫泉 Hot Springs 更愜意的了。許多人不知道其實澳洲也有溫泉可以泡，除了有些本身就是溫泉勝地外，還有少數藏於野溪山林，甚至在鐘乳石洞旁，讓你在放鬆身心、舒緩壓力的同時，抬頭便能欣賞滿天星斗的夜空。

| 州別 | 區域 | 地點 |
|---|---|---|
| 新南威爾斯 | 閃電嶺 Lightning Ridge | 自流井池 Artesian Bore Baths |
| | 莫里 Moree | 莫里溫泉水上中心<br>Moree Artesian Aquatic Centre |
| 維多利亞 | 摩寧頓半島 Mornington Peninsula | 半島溫泉 Peninsula Hot Springs |
| | 戴爾斯福德 Daylesford | 赫本溫泉 Hepburn Springs |
| 昆士蘭 | 蕁麻溪（Nettle Creek） | 因諾特溫泉 Innot Hot Springs |
| | 尤洛 Eulo | 自流泥漿溫泉 Artesian Mud Baths |
| 西澳 | 埃爾奎斯特 El Questro | 西庇太溫泉 Zebedee Hot Springs |
| 南澳 | 維吉拉國家公園 Witjira National Park | 達爾豪西泉 Dalhousie Springs |
| 塔斯馬尼亞 | 哈斯丁 Hastings | 哈斯丁鐘乳石洞與溫泉<br>Hastings Caves & Thermal Springs |
| 北領地 | 埃爾西國家公園 Elsey National Park | 馬塔蘭卡溫泉與苦泉<br>Mataranka Thermal Pool & Bitter Springs |
| | 頓瓦林／道格拉斯溫泉公園<br>Tjuwaliyn / Douglas Hot Springs Park | 道格拉斯溫泉 Douglas Hot Springs |
| | 凱瑟琳 Katherine | 凱瑟琳溫泉 Katherine Hot Springs |

以上節錄各州較知名的溫泉。　　©Leon 表格製作

# 藍光蟲 Glow Worm

藍光蟲學名「光菌蠅」，與我們熟知的螢火蟲不同，只在幼蟲時期發光。

　　藍光蟲利用尾端發出的藍色螢光吸引其他昆蟲接近，再用事先分泌好的黏絲將獵物困住以便進食，主要棲息於雨林的潮濕洞穴，目前只在澳洲與紐西蘭發現其蹤跡。

圖片來源：陳琥竣

■ 塔斯馬尼亞的藍光蟲洞。

由於藍光蟲對環境的要求極度嚴苛，對周遭環境變化相當敏感，為了能讓更多人欣賞到這美麗的穴中銀河，觀賞時全面禁止閃光燈、手電筒及大聲喧嘩。某些藍光蟲洞不易前往，沒有鋪設柏油道路或穴中積水、有淤泥，需要防水防滑鞋才能深入，觀賞前務必做好準備、注意個人安全。

## 藍光蟲哪裡找？

| 州別 | 季節 | 區域 | 地點 |
|---|---|---|---|
| 新南威爾斯 | 一年四季 | 瓦勒邁國家公園<br>Wollemi National Park | 藍光蟲隧道<br>Glowworm Tunnel |
| | 夏季<br>（11至3月） | 海倫斯堡<br>Helensburgh | 舊海倫斯堡車站<br>Old Helensburgh Station |
| | | 邦達努 Bundanoon | 藍光蟲幽谷<br>Glow Worm Glen |
| 維多利亞 | | 大奧特威國家公園<br>Great Otway National Park | 梅爾巴溪谷<br>Melba Gully |
| 昆士蘭 | | 春溪國家公園<br>Springbrook National Park | 自然橋<br>Natural Bridge |
| | 一年四季 | 坦伯林山<br>Tamborine Mountain | 藍光蟲洞<br>Glow Worm Caves |
| 塔斯馬尼亞 | 夏季<br>（11至3月） | 莫爾溪喀斯特國家公園<br>Mole Creek Karst National Park | 馬拉庫帕鐘乳石洞<br>Marakoopa Cave |
| | | 岡恩平原 Gunns Plains | 岡恩平原洞穴<br>Gunns Plains Caves |
| | | 費爾德山國家公園<br>Mount Field National Park | 羅素瀑布<br>Russell Falls |

以上節錄各洲較知名的藍光蟲洞，觀賞季節可能因每年氣候稍有不同，請以實際情況為準。　　©Leon 表格製作

# 藍眼淚 Sea Sparkle

維多利亞的東南方有座巨大的湖泊－吉普斯蘭湖 Gippsland Lakes。
2008 年底，一位攝影師菲爾‧哈特 Phil Hart 路過此處，無意間發現
它竟在夜色中泛著幽幽藍光，從此聲名大噪。

然而，這夢幻般的奇景卻是可遇不可求，原來湖中生長著一種特殊藻類，這種夜光藻 Noctiluca Scintillans 只要受到外力影響（像是擾動水面），就會產生生物冷光現象 Bioluminescence，發出耀眼的藍光。可惜此現象一年只會出現寥寥幾次，即使當地人也不常見。

圖片來源：IanSuat9

■ 藍眼淚宛如海中擴散的極光一般夢幻。（攝於維多利亞吉普斯蘭湖 Gippsland Lakes, VIC）

有興趣者不妨加入 Facebook 社團「Bioluminescence Tasmania」，以便隨時追蹤最新資訊。（此社團包含所有生物冷光現象，不僅止於討論藍眼淚）

## 曾經流下「藍眼淚」的地方

| 州別 | 季節 | 區域 | 地點 |
|---|---|---|---|
| 新南威爾斯 | 夏末<br>（12 至 4 月） | 杰維斯灣 Jervis Bay | 周遭沿海區域 |
| 維多利亞 | | 吉普斯蘭湖 Gippsland Lakes | 梅頓公園（Metung Park |
| 塔斯馬尼亞 | | 企鵝鎮 Penguin | 保護灣 Preservation Bay |
| | | 喬治鎮 George Town | 低頭角 Low Head |
| | | 荷巴特 Hobart | 周遭沿海區域 |
| | | 鷹頸地狹 Eaglehawk Neck | 周遭沿海區域 |

©Leon 表格製作

# 登月階梯 Staircase to the Moon

在 3 至 10 月的滿月期間，西澳北域部分海岸，會出現如此絕無僅有的世界級自然奇觀。

這種現象只發生在「月亮升起時正逢海岸低潮」的時段，月光反射在從海水暴露出的泥灘上，浮現出一道道併排的金紅色反光，宛如一座通往月球的階梯。

能觀賞到這奇景的地點不多，其中以布魯姆 Broome 最有名，可參閱官網：www.australiasnorthwest.com > What's on > Staircase to the Moon，以取得最新消息。

圖片來源：Momo

■ 月光反射在從海水暴露出的泥灘上，宛如一道通往月球的階梯。

### 登月階梯觀賞點

| 州別 | 季節 | 區域 | 地點 |
|---|---|---|---|
| 西澳 | 秋冬季（3 至 10 月） | 布魯姆 Broome | 小鎮海灘 Town Beach |
| | | 昂斯洛 Onslow | 日落海灘 Sunset Beach |
| | | 科薩克 Cossack | 定居者海灘 Settlers Beach |
| | | 丹皮爾 Dampier | 赫森灣 Hearsons Cove |
| | | 黑德蘭港 Port Hedland | 庫克角觀景台 Cooke Point Viewing Platform |

©Leon 表格製作

# 南極光 Aurora Australis

「看到極光，就能幸福一輩子。」在愛斯基摩人的傳說中，極光是精靈引渡靈魂上天堂的火炬。

澳洲的塔斯馬尼亞，是除了南極之外，觀賞南極光的最佳地點。雖然已處澳洲國境之最南（南緯 41 至 43 度），仍無法與北半球高緯度國家猶如舞動的北極光秀相比，但若能掌握好方法，追逐浪漫的極光也並非不可能的事。

除了黑夜是必要條件外，「極光指數」、「天氣」與「光害」，更是決定能否追到極光的關鍵三要素。

## 極光指數 Kp Index

代表極光的活躍程度與極光帶涵蓋範圍大小，指數範圍從 0 至 9 級，數值愈高能看到極光的機會愈大。建議使用極光預報網站：www.aurora-service.net > Aurora Forecast，隨時關注極光資訊。網站上最多能預測 3 天內的活動，但也可能會發生變化。一般來說，4 級以上就能用相機捕抓到，6 級以上肉眼才能明顯觀測。UTC Coordinated Universal Time 為世界協調時間，別忘了根據所在的區域調整時差。

**Aurora Australis Viewing Locations**

此網站整理了南半球所有能夠觀測到南極光的建議地點。

**My Aurora Forecast & Alerts**

專門用來觀測極光的免費 App。除了可預測 Kp 值與當晚雲層厚度外，還可設定通知，讓你不錯過任何追極光的最好時機。

最易觀賞極光的季節為春秋兩季，因春分與秋分時節，地球位置與連接大氣層及太陽間的磁索交錯最甚。這些磁索能夠傳遞太陽的能量，使極光現象更容易發生。但也不是夏冬兩季就沒有機會，只是能見度相對較低。

## 天氣

極光在天氣晴朗的夜晚才有辦法被看見。也就是說，雨、雪、雲層或月光太亮等天氣因素，都會影響到極光的觀測。除了查詢天氣狀況之外，也可使用雲層預報網站：www.snow-forecast.com > Weather Maps > Australasia > Tasmania > Cloud，查詢近期的雲層狀態，選擇不會擋住視野的觀測地點。

## 光害

極光的亮度有限，動得也不快，需要很暗的環境襯托，才能注意到它悄悄出現，緩慢地改變形狀，實際上並不像照片中那樣光鮮耀眼。

除了城市帶來的光害，連月光都會造成影響。因此儘管極光指數不高，只要觀測時盡可能地遠離光害，周圍環境夠暗，還是有機會能夠看到，努力朝南面沒有光害的區域移動吧！搭配月亮情報網站：www.timeanddate.com > Sun & Moon > Moon Calculator，亮的部分愈少愈好，盡可能減少所有的負面因素。

鑑於以上種種複雜因素，要想看到極光是難上加難。然而，一個好的觀測地點，能抵銷些許的負面因素。原則上是愈往南愈好，選擇南面沒有遮蔽物和城市的高山或海洋，追到極光的機率會更大。

有興趣者不妨加入 Facebook 社團「Aurora Australis Tasmania」，以便隨時追蹤最新資訊。

# 哺乳類

## 袋鼠 Kangaroo

是唯一具有跳躍能力的大型動物,與體型較小的沙袋鼠 Wallaby 常見於郊外,澳洲全境都能發現牠們的蹤跡,晝伏夜出的習性,使其成為公路旅行駕駛最怕遇到的野生動物之首。

相傳詹姆士・庫克船長 James Cook 於 1770 年剛登陸澳洲時,意外地發現了這個奇特的生物,並向當地原住民詢問牠的名字,但原住民聽不懂英文,便回答了「gangurru」意指「不知道」,庫克一行人誤認為這就是袋鼠的名字並一直沿用至今。

## 袋熊 Wombat

為澳洲明星動物之一,別看牠四肢短短,一副呆萌的模樣,一旦認真起來,最快時速可達 40 公里。

在新南威爾斯的藍山國家公園 Blue Mountains National Park,維多利亞的威爾遜岬國家公園 Wilsons Promontory National Park,以及塔斯

左 野生的袋鼠會比較具有攻擊性,若非經馴養請勿隨意模仿。

右 位於塔斯馬尼亞的瑪利亞島 Maria Island, TAS 又稱袋熊島,島上有許多野生袋熊。此外,袋熊的便便非球形而是立方體。

馬尼亞的搖籃山 Cradle Mountain、瑪利亞島 Maria Island 與納朗塔普國家公園 Narawntapu National Park 都有機會發現牠們的蹤跡。

## 袋貂 Possum

長相酷似果子狸，棲息於樹上，常見於各州城市公園內。夜間潛入住家後院翻食垃圾。對樹木傷害甚劇，因此有些百年老樹會圍上一段白鐵皮，以防袋貂啃食。

袋貂在澳洲是有名的住家害蟲，除了自然生長的樹木，牠們也被認為是牛結核病的帶菌者，對牛隻相關產業造成危害。

## 無尾熊 Koala

原住民語意為「不喝水」，因為牠能從尤加利樹的葉子攝取到足夠的水分，所以不太需要飲水。也因尤加利葉有毒，所以沒有爭食對手。

由於動物保護法的規定，澳洲只有昆士蘭、南澳與西澳三個州可以抱無尾熊。有些動物園除了需要門票外，想和無尾熊拍照還得額外付費。最初不知道時，與朋友去雪梨附近的動物園想抱無尾熊，結果花了錢卻只能讓保育人員抱著無尾熊跟我們拍照。

圖片來源：FNQ Nature Tours

上 袋貂
下 南澳阿得雷德的喬治野生動物公園 Gorge Wildlife Park，只需入場門票，如有 YHA 卡還能再打折。一天有三個時段可免費與無尾熊拍照。

## 各州可抱無尾熊的動物園一覽表

| 州別 | 區域 | 地點 |
|---|---|---|
| 昆士蘭 | 布里斯本 Brisbane | 龍柏無尾熊保護區 Lone Pine Koala Sanctuary |
| | 黃金海岸 Gold Coast | 庫蘭賓野生動物保護區 Currumbin Wildlife Sanctuary |
| | 陽光海岸 Sunshine Coast | 澳洲動物園 Australia Zoo |
| | 道格拉斯港 Port Douglas | 野生動物棲息地 Wildlife Habitat |
| 西澳 | 伯斯 Perth | 卡胡奴無尾熊公園 Cohunu Koala Park |
| 南澳 | 阿得雷德山 Adelaide Hills | 喬治野生動物園 Gorge Wildlife Park |
| | | 克萊蘭德野生動物公園 Cleland Wildlife Park |
| | 袋鼠島 Kangaroo Island | 袋鼠島野生動物公園 Kangaroo Island Wildlife Park |

©Leon 表格製作

## 塔斯馬尼亞惡魔 Tasmanian Devil

又稱袋獾，為最大型的肉食性有袋類動物，是袋獾屬中唯一沒有滅絕的成員，雖然體型與小型犬差不多，咬合力卻是哺乳類之冠。

因脾氣暴躁，叫聲響亮刺耳，夜裡如魔鬼嚎叫般在山谷間迴響，使得塔斯馬尼亞的第一批移民誤以為島上有惡魔存在，故名。塔斯馬尼亞的瑪利亞島 Maria Island 與塔斯馬尼亞荒原 Tasmanian Wilderness 都有機會發現牠們的蹤跡。

## 短尾矮袋鼠 Quokka

也是袋鼠家族中的一員，主要棲息於西澳的洛特尼斯島 Rottnest Island。可愛的牠們很親人，但請注意，在島上以任何方式觸碰或是餵食牠們都屬違法行為。

圖片來源：The Maria Island Walk

圖片來源：Tourism Australia

上 袋獾外型酷似迷你臺灣黑熊，目前處瀕絕種狀態，塔斯馬尼亞政府將牠作為國家公園的標誌。

下 洛特尼斯 Rottnest 這個名字源自於荷蘭語，有老鼠巢穴之意，當初發現這裡的荷蘭航海家，把短尾矮袋鼠誤認為巨型老鼠，並以牠們為島命名。

## 鴨嘴獸 Platypus

出沒於澳洲東岸乾淨水域，喜愛在河川或湖泊岸邊挖洞築巢，夜晚外出覓食。奇特的外觀，使得早期歐洲人將標本帶回英國時，科學家皆認為這是場惡作劇，懷疑那是個將鴨嘴縫在河狸身上的偽造品。雄性的後爪帶有毒性，是唯一有毒、且是除了海豚之外，唯一能靠電磁感應獵食的哺乳類動物。

首都領地的鐵賓比拉自然保護區 Tidbinbilla Nature Reserve，新南威爾斯的邦巴拉鴨嘴獸保護區 Bombala Platypus Reserve，昆士蘭的雲加布拉 Yungaburra，維多利亞的伊莉莎白湖 Lake Elizabeth，以及塔斯馬尼亞的拉特羅布 Latrobe、塔斯馬尼亞植物園 Tasmanian Arboretum 與蕨林保護區 Fern Glade Reserve……等水域都有機會能發現野生鴨嘴獸的蹤跡。

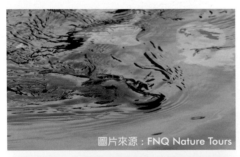

圖片來源：FNQ Nature Tours

圖片來源：Exceptional Kangaroo Island

上 塔斯馬尼亞的許多水域都有機會能發現野生鴨嘴獸的蹤跡。
下 針鼴是個害羞的生物，一旦發現自己的領域遭到入侵，就會馬上縮成一團動也不動。

## 針鼴 Echidna

又稱刺食蟻獸，雌針鼴在繁殖期會在腹部生出一個臨時口袋以供育兒，直到幼兒孵出斷奶後才會消失。牠們有細長的口鼻，並以長且帶有黏性的舌頭捕食土裡的螞蟻。首都領地的鐵賓比拉自然保護區 Tidbinbilla Nature Reserve，南澳的袋鼠島 Kangaroo Island 或是塔斯馬尼亞的塔斯馬尼亞荒原 Tasmanian Wilderness 都有機會發現牠們的蹤跡。

# 鳥類

### 鴯鶓 Emu

體型僅次於鴕鳥，翅膀退化無法飛行，奔跑起來時速可高達 50 公里。本性雖溫和，遇到人類只會拔腿就跑，但若在野外接近正在孵蛋或照顧雛鳥的雄鴯鶓可是十分危險。在維多利亞的塔山野生動物保護區 Tower Hill Wildlife Reserve，或是本島各州的草原林地、硬葉森林都有機會發現牠們的蹤跡。

圖片來源：Wild Bush Luxury

### 神仙企鵝 Fairy Penguin / Little Penguin

為企鵝中體型最小的一種。為躲避天敵，固定在日出前出海覓食、晚霞時分歸巢。主要棲息於澳洲南部區域，維多利亞的菲利普島 Phillip Island 是最知名的地點。其他像是墨爾本周邊的聖科達碼頭 St Kilda Pier，西澳的企鵝島 Penguin Island，南澳的維克多港 Victor Harbor 與袋鼠島 Kangaroo Island，塔斯馬尼亞的畢奇諾 Bicheno、低頭角 Low Head、布魯尼島 Bruny Island，也都能在天黑之後發現牠們的蹤跡。

圖片來源：Phillip Island Nature Park

### 鵜鶘 Pelican

喜歡棲息於遼闊沒有植物的水域。除了澳洲中部地區，到處都是牠們的棲息地。

圖片來源：Tourism Australia

🔼 鴯鶓一家在野外散步。
🔽 非常膽小畏光，觀賞時禁止閃光燈或手電筒（紅光可），以免導致牠們視力受損，失去方向感而遭天敵捕獵。
🔽 許多濱海港口時常會舉辦鵜鶘餵食秀。

# 海洋哺乳類

### 海豚 Dolphin

在澳洲海岸到處都有近距離觀賞，甚至讓遊客餵食野生海豚的場所，其中以昆士蘭的摩頓島 Moreton Island 與西澳的猴子美亞 Monkey Mia 最為出名。其他像是維多利亞的摩寧頓半島 Mornington Peninsula，伯斯周邊的羅津翰 Rockingham 與班伯利 Bunbury，南澳的格萊內爾格 Glenelg，甚至還能與野生海豚共泳。

圖片來源：Tourism Australia

圖片來源：South Australian Tourism Commission

### 海獅 Sea Lion、海豹 Seal、海狗 Fur Seal

大多棲息於澳洲南部海岸。新南威爾斯的杰維斯灣 Jervis Bay，維多利亞的菲利普島 Phillip Island、女王崖 Queenscliff 與橋水角 Cape Bridgewater，西澳的卡納克島 Carnac Island、羅津翰 Rockingham、奧班尼 Albany 與埃斯佩蘭斯 Esperance，南澳的袋鼠島

圖片來源：Wildlife Coast Cruises

上　海豚
中　南澳的海豹灣 Seal Bay, SA 有許多野生的海獅、海豹與海狗。
下　野生鯨魚。攝於維多利亞的菲利普島 Phillip Island。

Kangaroo Island、林肯港 Port Lincoln 與拜爾得灣 Baird Bay，塔斯馬尼亞的布魯尼島 Bruny Island，都有機會發現牠們的蹤跡。

### 鯨魚 Whale

每年 5 月到 12 月都是賞鯨季節，持續時間與涵蓋範圍均為世界前列，除了北領地之外，都有機會能在沿海區域與牠們邂逅。

# 爬蟲類

## 海龜 Turtle

主要棲息於昆士蘭的大堡礁 Great Barrier Reef，與西澳的寧格魯礁 Ningaloo Reef。每年夏季，海龜們會緩緩爬到這些區域的沿岸築巢，然後產卵孵育出小海龜。在這些區域浮潛或潛水時，將有機會邂逅優雅的平背龜 Flatback Turtle、棱皮龜 Leatherback Turtle、玳瑁龜 Hawksbill、紅海龜 Loggerhead Turtle 以及綠海龜 Green Turtle。

## 鱷魚 Crocodile

大致可分為淡水鱷魚 Freshwater Crocodile 與鹹水鱷魚 Saltwater Crocodile，後者體型比前者要大得多，也是世界上最大的爬行動物。淡水鱷魚通常不主動攻擊或吃人，但鹹水鱷魚會主動襲擊任何能做為食物的動物，當然也包括人。主要棲息於澳洲北部區域，昆士蘭北部、西澳北部與北領地的沼澤地、水窪、河流或出海口等有水的地方。位於北領地的卡卡杜國家公園 Kakadu National Park, NT，是全澳鱷魚最密集的地方。鱷魚出沒的地方都會有警示提醒，不管是何種鱷魚，請不要在沒有當地導遊的指引時，前往他們的棲息地，或在任何有警示的水域中戲水。

圖片來源：Tourism Port Douglas and Daintree

圖片來源：Tourism Australia

左 在大堡礁 Great Barrier Reef, QLD 潛水時，若能遇到海龜是一件相當幸運的事。
右 鱷魚

# 5

# 我在澳洲 1000
# 多天的日子

我一直相信在生命中，沒有任何一件事是
毫無意義的，即使是失敗也好。它們會在
某個特別的時間點，恰巧地將你所學、所
經歷、所遇到的人，連成一線，然後成為
一個獨一無二的你。

在此之前，我們都還不是完整的。

# 旅行日誌

　　在臺灣習慣了室內上班，沒想到原來在這樣的大自然美景下工作，是多麼舒暢的一件事。儘管是付出勞力，下午三點就可以下班；儘管薪水爛到很多人都不屑做，還是比臺灣高；餓了可以在涼風中野餐，累了可以在溫暖陽光下打個盹，這些都是從來沒有體會過的事。

　　也許，在這樣的一座小島上，我們總是想的太多，活的太累，而忘了如何去單純地享受生活。思想回歸簡單，欲望就會降低，變得容易滿足；容易滿足，笑點就會變低，變得容易快樂；容易快樂，那麼我們就會學會如何更圓滿的處理事情，過著自己理想中的生活，成為自己想要變成的那個人，然後再把快樂傳給更多需要的人。

## Day 72 ★ 旅人—記得那些共同擁有的曾經

"We are all visitors to this time, this place. We are just passing through. Our purpose here is to observe, to learn, to grow, to love... And we return home."

旅行就是不斷的相識再別離，然後把心中的一個位置留給對方。

沒什麼好悲傷的，只要記得我們曾一起歡笑過就夠了。

圖片來源：Phoebe

■ 每年六至十月為鯨魚固定洄游西南澳的季節。

## Day 142 ★ 衝浪男孩與鯨魚—學習如何與鯨共舞

　　有兩個愛衝浪的法國男孩，目標是衝遍整個澳洲的海岸；他們開著一台小車，車頂架著兩塊衝浪板，一邊旅行著。

　　有一天，他們遇到了鯨魚。

## Day 178 ★ 惡趣味─這就是人生

　　每日的肉廠生活真的很無聊，最初還會對那過多的屍體感到噁心，久而久之就沒什麼感覺了。習慣真是可怕，更別說那些進來不到一週就開始拿碎肉當石頭亂丟人的女孩們。（進來前還說看到血會暈倒？！）

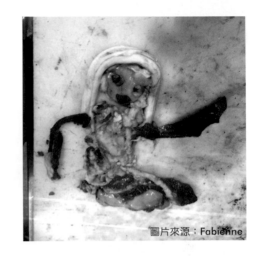

　　拿碎肉在生產線上排字只是小意思，厲害一點的還會即興創作，工作至恍神時，常因見到緩緩接近的美女圖而哭笑不得。

　　或許這就是生活，不管在怎樣的環境下都能自得其樂。

圖片來源：Fabienne

## Day 241 ★ 五分硬幣─新的開始

　　五分為澳幣最小的幣值，相當於台幣的一元銅板。

　　背包客間有個迷信，當準備離開前往下一段旅程時，留下一枚五分硬幣在曾住過的房間某處，代表你的霉運跟著這五分硬幣被一併留下了，這樣就會有一個新的開始。

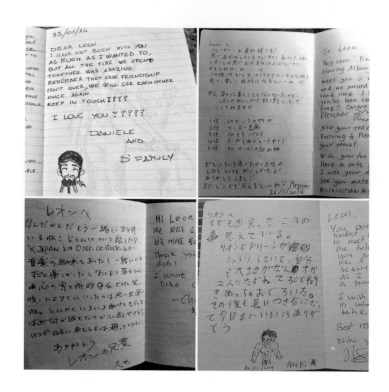

## Day 284 ★ 小本子——記錄那些年的珍貴回憶

我有一個小本子，專門給在國外認識的朋友寫的；我還有一包從臺灣帶來的紀念品，裡面有明信片與護身符。

每當與好友道別時，我就會把本子給他們留言，寫上自己國家的文字，送他們一些代表臺灣的小禮物，希望以後還有機會相見。這個本子，將成為我一生珍貴的寶物。

每個人眼中的我是什麼樣子的呢？在奧班尼，大家所認識的我很會做菜，日本女生甚至還排出了我所做過的菜色排行榜，第一至五名分別為：三杯中卷、麻婆豆腐、墨魚義大利麵、紅燒牛肉湯、蔥爆羊肉。

Mori 眼中的我是肌肉男，Daichi 叫我大哥，而我總懷念著那個曾在舞臺上為了音樂揮灑生命的自己。

## Day 379 ✷ 布偶裝─體驗當明星的感覺

這次的工作很特別，我們必須協助旅行社穿著布偶裝到機場接機。

雖然即將入冬的墨爾本已稍感寒意，但穿著短袖套進毛絨絨的無尾熊裝時，還是倍感溫暖；但戴上頭套後，竟悶熱地有點喘不過氣來。

儘管不太舒服，然而，變身後一旁路人開心地朝你揮手打招呼，稍不注意就被小朋友們團團包圍，並獻以崇拜的目光，不時地被偷摸甚至偷抱，算是短暫體驗了當明星的感覺。

結束後 Nick 大哥問我，有沒有興趣明年初再來幫他當導遊帶團。

## Day 402 ✷ 咖啡師─暖心的香氣

隨著 1950 年代義式咖啡機的引進，墨爾本的街頭巷弄間開始傳出了淡淡咖啡香，此後便有了「咖啡之都」的美稱。咖啡不只融入了當地人的生活，更成為整個城市的文化。每一種咖啡，搭配每一種奶泡，表現了每一種心情，顯露了每一種個性，道盡了每一個故事。

趁著上雪山前的空檔，取得了咖啡師證照；也許某日能在這充滿咖啡香氣的城市，為剛好路過的旅人帶來一絲溫暖。

## Day 500 ✶ 暱稱—拉近彼此距離

澳洲人很愛用暱稱，彷彿名字只要超過三個音節就喊不出來似的。

Patrick 變成 Paddy，Franklin 變成 Frank，Daniel 變成 Dan，Laurence 變成 Larry，David 變成 Dave…等，最初還真以為他們在叫不同的人。

但就像我們一樣，雖然暱稱有拉近彼此距離的感覺，但也要夠熟才能叫。

## Day 619 ✶ 地圖—那段我們共同經歷過的冒險

原本僅僅只是地圖上一個陌生的地名，或不曾注意過的角落，但當隨著你的到訪而轉變成一個真實的場景時，其形象也隨之刻印在腦海。

此後這個名字便對你產生了意義，在那相遇的人便和你有了連結，然後就這樣一個一個地，組織成龐大的故事，增添了旅行的浪漫，填補了你生命的空缺。

地圖也將變得不再只是一張地圖，而是一段我們曾共同經歷過的冒險。

　　新的一年，悄悄揮別了某些過去，也默默帶來了某些新的開始，兩年前的約定就這樣不可思議的實現了。在這一萬八千公里的旅行中，時時刻刻都牽掛著，一天天倒數這一日的到來；不知不覺中好像也經歷了不少事，突破了許多難關，回頭一看，原來我自己可以做到這麼多。

　　到了 2015 這個數字，也意味著我的簽證已開始倒數計時，這兩年的大冒險即將進入尾聲；到底哪邊才是現實，我分不清，但比起在臺時不敢面對自己心之所向的隨波逐流，現在這一刻更有活著的感覺。對我來說，誠實地面對內心渴望，堅定目標後，排除萬難、勇往直前的自己，才是現實。

　　無法想像簽證結束後的那些日子，我會選擇逃避現實抑或繼續勇敢面對；無法想像在回到那牢籠之後，我是否仍有勇氣繼續飛翔，尋找屬於自己的那一片天空。這世界，好大。

### Day 675 ★ 夢想的任意門—讓你的美夢成真

在這繁忙的城市裡，儘管牆外就是車水馬龍，但能像這樣擁有一方只屬於自己的小空間，還是一件很奇妙的事。

僅僅兩坪大的房間裡，曾與許多不同的旅伴一同生活，一起到處冒險。

每當房門打開，都像是任意門一般不可思議的景色，有森林、有大海、有小溪、有荒野、有星空；如今只剩毫不起眼的街道巷弄。如果可以的話，希望這扇夢想的任意門能夠再開啟一次。

透過天窗灑落下的陽光，門外鼎沸聲依舊，難道這已是旅行的盡頭了嗎？

# Day 756 ★ 棕櫚油—讓我反思過往的人生

　　在學校上課時，某一堂提到了棕櫚油。它是一種植物油，從油棕樹的果實和種子提煉而來，廣泛地使用在清潔劑、化妝品、餅乾等日常用品或食物上。因價格低廉且保質期長，在我們的生活中無所不在。

　　但近年來卻飽受環保人士所評擊，由於東南亞許多國家皆以棕櫚油做為主要農業收入來源，為了種植這些經濟效益高的作物，許多熱帶雨林遭到破壞，令無數原住民及瀕臨絕種的動植物受到威脅。棕櫚油雖然不是元兇，卻也間接造成了這樣的影響。

　　這樣關乎全球環境的大事，居然在這個課堂上才初次知曉，不禁對一直生長在渺小臺灣的自己感到羞愧。那些關於誰和誰在一起，或是誰有了小三的八卦，真的有必要充斥在我們的生活中嗎？

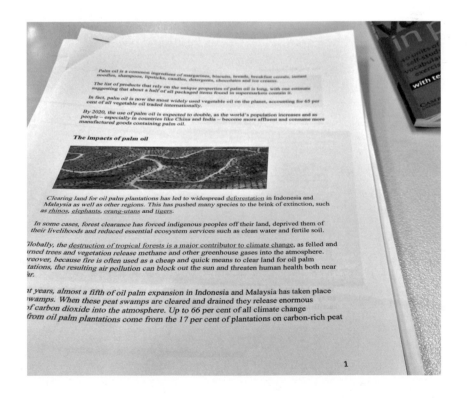

### Day 802 ★ 交接—離別是為了重逢

　　似乎已逐漸遺忘，那還是背包客時，到處飄泊流浪的感覺，心中的天秤悄悄往穩定的那一端傾斜，這也許算是件好事吧？

　　都市中的人來人往，喧囂的表面下潛藏各自寂寞的心。人與人之間的交接、相逢，不過是另一段離別的開始，該如何在這個世界處之泰然？從高空向下俯瞰，所有的東西都變得如此渺小，只剩自己的呼吸聲伴隨左右。如果能就這麼不斷地讓眼下的景色愈來愈遠，愈來愈遠，是不是就能看見更多原本所看不到的地平線呢？

　　轉頭一想，每一次離別，不就也包含了下次再重逢的喜悅。

## Day 826 ★ 荒野—與自己的內心對話

耳邊傳來吵雜的搖滾樂，眼前是一望無際卻不斷重複的景色，偶有熱情的旅行者從對向車道對你招手，彷彿已很久沒見到人類。炙熱的陽光從頭頂傳來，儘管開了窗，風依然是熱的，一旁昏睡的人們，整個世界好寂靜。

每天只是看著導航從 2、300 多公里的數字開始倒數，到了下個目的地後，再重新倒數一次。於是日復一日，在這渺無人煙的荒野上竟也行駛了近 4000 公里。

除了隨處可見的熟悉景象：動物屍體與啃食的烏鴉外，偶爾也會見到野生的鴯鶓或是羊兒過馬路，以及每一轉眼都有可能向你衝來的袋鼠、野牛，幸好我只撞到了一隻鳥；還有幾次在遠方看到了沙塵暴，或小型龍捲風，這是個只有在電視上才會看到的世界。

單調的景色與高溫，時時刻刻考驗著你的心智，為何出現在這個不屬於你的地方？有何目的？意志夠不夠堅定？這是與自己內心的對話，然後在這 4000 公里之後，我得到了些什麼？

## Day 849 ★ 音樂─再見曾經充滿熱情的自己

　　偶然的契機,認識一群墨爾本的樂手,與一位當地的編曲家,因而接了一份很酷的工作,幫他們錄製一首MV,總算有機會再重啟音樂之路。已經有多少年沒再打鼓了呢?

　　以前常對自己的學生說,不要背棄音樂,因為它總是能在最脆弱無助時給你力量。音樂也像一種毒癮,一旦接觸了就再也無法沒有它。明知已不可能再回到過去那樣,為了音樂舞動生命,卻依然會在偶爾聽到那些曾演奏過的曲子時激動萬分,真的很喜歡這樣在某件事物中灌注熱情的自己。

圖片來源:辰羽鳴

在澳洲當導遊時，經歷過不少罷工事件，動不動就是火車、電車停駛、機場罷工，嚴重影響到交通的便利性，但從沒有一個當地人對此感到抱怨，甚至依然支持，讓我想起了 2015 年 7 月在弗林德斯街車站 Flinders Street Station 旁發生的一件事。

那天，墨爾本政府發起了一個行動，隨機抽查路人的簽證合法性；但這項行動只持續了僅僅不到兩小時，原因是遭到當地人的嚴重抗議。

他們認為這項行動飽含種族歧視的意味，那些警察是依據什麼標準在做隨機抽查的呢？肯定是針對某些特定膚色或是人種吧？儘管這些事都與那些當地人無關，但他們卻站出來了。

二戰時德國著名神學家馬丁‧尼莫拉 Martin Niemöller 曾說過一句名言：「起初他們抓了所有的共產黨員；我保持緘默，因為我並非馬克思的信徒。接著他們抓了所有的猶太人；我保持緘默，因為我是日耳曼人。然後他們抓了所有的工會成員；我保持緘默，因為我不是工會成員。後來他們抓了所有的天主教徒；我保持緘默，因為我屬於新教。最後，他們要來抓我了；但此時卻已沒有任何人可以替我說話。」

雖然那次的事件算是圓滿落幕了，但期待有一天，我們也能為別人的權益挺身而出。

### Day 930 ★ 七道彩虹—渴望自由的心就是彩虹的源頭

每日起床後所面對的，總是那些長得差不多的人，做著差不多的事，去著差不多的地方。偶爾會想著，在這日復一日「差不多」的生活中，到底是什麼支撐著能夠一直持續下去的熱情？是早晨睡醒後聽到的第一首歌？還是期待已久的下一場冒險？抑或不知何時才會出現的那個人？

大洋路上，天空微微細雨，來回八小時的車程早已常態，遠方豎起了一道彩虹，一連出現了七次。那一年在西南澳葡萄園剪枝時，也是在一日內見到了七道彩虹；還有一次，我們在塔斯馬尼亞的山林中追尋彩虹的源頭。

其實並沒有多喜歡導遊的工作，只是它可以讓我稍稍遏止想冒險的心；但怎麼看著看著那些景色，講著講著那些故事，內心卻更渴望自由了？如果彩虹真的有源頭，你難道不想去一探究竟嗎？

懷念那個可以說走就走的年代，還有那個無論我到哪都跟到哪的人。

## Day 933 ★ 最重要的小事──學習如何做一個平凡人

「只要你還有一個好故事，以及一個好聽眾，那麼你就還沒有結束。」─海上鋼琴師。

好故事往往來自於冒險，但最深刻的卻總是那些平時微不足道的小事：每日清晨天還沒亮時，通往肉廠的那條小徑；雪山上每晚洗澡前一刻的天人交戰；頭頂不到一公尺處的嘩然雨聲；露營時為了上廁所必須頂著外面寒風；就這樣日積月累地，構築了每個人不同的生活與人生。

儘管內心依舊渴望冒險，但似乎學著怎麼當個平凡人才是最重要的課題，畢竟任何一個故事皆有結局，冒險結束後終會回歸日常。

年輕時聽一首歌，總會認真地聽它的樂器部份：從鼓、貝斯、吉他、鍵盤、到編曲，從沒在意過主唱，光是這樣享受著音樂便已滿足。一直到

最近才漸漸想去了解歌詞含義，就這樣同一首歌可以每天聽，超過 10 年，音樂真的是個很美妙的東西。

沿途的街頭藝人總是能讓我佇足聆聽，無論是在舞臺上或是舞臺下，總是希望著有天能再讓音樂重回到我的日常。

## Day 935 ✽ Mojito—人生的滋味

　　莫希托 Mojito 是一種傳統的古巴高球雞尾酒，主要以萊姆酒、白砂糖、檸檬汁、蘇打水和薄荷所構成，因美國作家海明威的喜愛而聲名大噪。

　　友人說，Mojito 有旅人的意思，代表著自由，很適合我。但對我來說，更多的意義是友誼，它總讓我想起在奧班尼時，義大利朋友 Daniele 最常調給我喝的酒。後來學會之後，也開始自己種了薄荷。可惜在一次遠行中，疏於照顧枯萎了，它的名字也叫 Mojito。

　　檸檬的酸，砂糖的甜，與薄荷的苦澀，一杯酒有種四種滋味，就像人生一樣。我們在燈紅酒綠的吧裡，談論著曾經歷過的那些故事。

# 旅行之後

你知道環澳一周有多長嗎？如果只算外圍的一圈，加上所有的主要城市，大約兩萬公里。

再度回到熟悉的墨爾本，如果非要選一個地方做為在澳洲時的故鄉，我想那是奧班尼，而不是這裡。

回顧這三年多的旅行生活，除了里程表上增加了 38,563 這個數字外，更多留下的是刻印在記憶深處中，那些冒險過的痕跡。

林懷民曾說過：「年輕時的流浪是一生的養分」，但我怎麼覺得，愈是流浪，卻愈是像中毒一樣停不下來，只是旅人終究還是旅人，終歸得回到那個屬於自己的地方。

有人說：「所謂旅行，其實就是從一個自己活膩的地方，到別人活膩的地方」，此言確實一針見血。無論再怎麼美麗的城市，總會有個把它當成日常，恨不得想離開的人在。我常看到許多旅行團，上車睡覺，下車拍照打卡，為的只是炫耀，一種虛榮心作祟，代表自己又多去過一個國家，又吃了多少美食。一旦回到自己國內，除了相機滿滿的照片外，沒剩下什麼，也不見得會再打開來看。

因此當導遊時，我常對我的客人說，我們出國旅行，就是到別人的國家看別人如何生活，學習他們處事的態度、價值觀，和對生命的看法，回來之後，才知道有什麼是自己需要改善的，每一次旅行，都是為了讓自己變得更好。

# 空檔年

Gap Year 中文稱之為「空檔年」，許多歐美國家的年輕人，都會在完成某階段的學業時，停下腳步，好好思索自己的人生目標。有些人會選擇到其他國家打工旅遊，或從事一些公益活動，來進一步探索世界、了解自我。

在語言學校時，課堂中總是探討著關於全球暖化、世界環境變遷等議題，這些都是在臺灣不曾煩惱過的，無意間我們的思緒已被一堆沒營養的資訊所占據，也因此有朋友決定回國後要用所學為地球盡一分心。

競爭力這三個字太過抽象，沒有出去過怎會知道這世界需要什麼，你可以做些什麼。想起以前的同梯曾給我的一句箴言：「當發現某件事非你去做不可時，這就是你存在的意義，這就是世界需要你的證明」。

我在澳洲遇到許多來自各國的背包客，大多高中或大學剛畢業就出來闖蕩了，由於英文並不是母語，所以在語言方面，他們並沒有比我們有較多優勢，但照樣樂此不疲。

在同樣陌生的土地上，從選定目的地開始，學習如何獨立，接著找工作、租屋、買車、旅行，體驗各式各樣的生活。澳洲本是一個移民國家，在這樣的文化大熔爐裡，世界各地的年輕人聚在一起，一同談論自己的家鄉，訴說自己的夢想，摩擦出許多神奇的火花，最後各自回到屬於自己的地方，帶著滿滿的能量朝新的未來邁進。

Working Holiday 只是一個階段，Gap Year 也不會一直這麼 Gap 下去，重要的是，你找到你的人生目標了嗎？

# 臺青悲歌

生為七年級前段班，我們大多是出了社會好一陣子，才驚覺這不是自己理想的生活，卻也對未來感到迷茫，失去了方向感。

現今社會樹立了一套稱為成功人生的 SOP，從小進才藝班、追求名校、高薪工作，接著馬不停蹄地趕在適合的年齡結婚、組織家庭、培育下一代。彷彿不這麼照著做的人就是失敗者，準備接受社會的批判。但請捫心自問，這真的就是你想要的人生嗎？

我在澳洲遇到的臺灣青年，許多是連基本生活能力都沒有的，脫離了舒適圈，什麼都做不到，更別說是獨立思考能力了，我們所欠缺的從來都不是專業能力。

被問起有什麼夢想時，十之八九會回說，希望有個錢多事少離家近的工作，最好是不用工作就有錢。等到有錢了，然後呢？

一昧盲目地追求物質，得到了虛榮，心靈卻更加空虛，慢慢地這個社會開始變得投機取巧，亂象叢生，為了賺錢不擇手段，各種欺騙、不公不義，我們就像個作繭自縛的小島，孤立在汪洋大海中。

除了擁有世界最高的薪資水平外，澳洲真正落實了「職業不分貴賤」這句話。許多藍領階級的勞動者，收入甚至比白領還高，也備受尊重，不像我們有著所謂「萬般皆下品，唯有讀書高」的心態。在澳洲只要你願意做，肯付出，一定就會有回報。

每每看到新聞報導著「清大畢業生淪為澳洲屠夫」等標題，令我感到唏噓，好像非得用這種貶低的語氣才顯得自己高人一等，更別說什麼臺勞了，我們的高傲總是來自那無謂的虛榮。

　　在帶團時，偶爾會和洋人司機搭檔，不同的是，他們會把每一天的工作，當成是帶全家人出遊，細心觀察今天的天空是不是又藍了一點，海是不是又澈了一些，沿途若是發現野生動物，總是最開心興奮的那個。難怪澳洲的幸福指數總在世界前十，他們熱愛自己的工作，努力享受著生活。

　　反觀回來，若你對工作失去了熱情，覺得生活像個牢籠，卻又不知自己該做什麼，不妨問問自己：「什麼事會讓你感到熱血沸騰？」

# 人生才是你的正職

許多人說，打工度假是逃避現實，終究得回來面對責任。但我想問，究竟什麼才是「面對現實」？比起不知為何的庸庸碌碌過一生，我寧可選擇誠實面對內心所向。

有多少人還記得年幼懵懂無知時，日日夜夜所盼望著那個將來可能成為的「自己」？我們只是不願承認，其實所有曾做過的決定，都不過是別無選擇中的選擇罷了。為了更好的學校放棄了喜愛的科系。為了更好的薪水放棄了原有的夢想。儘管可能依然迷惘，至少我們還有機會改變，讓人生多一些選擇。你，面對你的現實了嗎？

香港首富李嘉誠曾說：「所謂鐵飯碗，不是在一個地方吃一輩子飯，而是一輩子到哪兒都有飯吃。」

許多年輕人到澳洲為的只是想賺一桶金，拼命工作，為了省錢甚至餐餐啃吐司、吃泡麵，放棄了許多體驗人生的機會，但就算順利帶回了一桶金又如何？一百萬做得了什麼嗎？歸國後依舊過著和兩年前大同小異的生活，你的人生毫無改變。

我有幾個朋友，在體驗過雪山生活後，愛上了滑雪，進一步考上滑雪教練，每年在世界各地不同雪場工作，年中南半球，年底北半球，這也是一種環遊世界的方式。也有朋友在臺灣時本就喜愛潛水，後來到了大堡礁當潛水教練，甚至是水底攝影師。一樣的兩年，他們得到的是一個徹底改變人生的機會，跳脫出這個小島。只要肯面對自己，你可以有更多選擇。

**國家圖書館出版品預行編目資料**

我的移動城堡：開露營車在澳洲邊玩邊工作 /
Leon 文．攝影． -- 初版． -- 臺北市：
華成圖書，2018.11
　面；　公分． --（讀旅家系列；R0104）
ISBN 978-986-192-334-5（平裝）

1. 旅遊 2. 副業 3. 澳大利亞

771.9　　　　　　　　　　　　　107015597

讀旅家系列　　R0104

# 我的移動城堡 開露營車在澳洲邊玩邊工作

作　　者／Leon

出版發行／ 華杏出版機構

　　　　　華成圖書出版股份有限公司
　　　　　www.far-reaching.com.tw
　　　　　11493台北市內湖區洲子街72號5樓（愛丁堡科技中心）
　　　　　戶　　　名　　華成圖書出版股份有限公司
　　　　　郵 政 劃 撥　　19590886
　　　　　e - m a i l　　huacheng@email.farseeing.com.tw
　　　　　電　　　話　　02-27975050
　　　　　傳　　　真　　02-87972007
　　　　　華 杏 網 址　　www.farseeing.com.tw
　　　　　e - m a i l　　adm@email.farseeing.com.tw
　　　　　華成創辦人　　郭麗群
　　　　　發 行 人　　蕭聿雯
　　　　　總 經 理　　蕭紹宏

　　　　　主　　　編　　王國華
　　　　　特 約 編 輯　　發言平台創意整合有限公司
　　　　　美 術 設 計　　陳秋霞
　　　　　印 務 主 任　　何麗英
　　　　　法 律 顧 問　　蕭雄淋

定　　價／以封底定價為準
出版印刷／2018年11月初版1刷

總 經 銷／知己圖書股份有限公司
　　　　　台中市工業區30路1號　　電話　04-23595819　　傳真　04-23597123

讀者線上回函
您的寶貴意見
華成好書養分